目錄

譯者序

本書的翻譯主要根據「促進基督徒知識協會」(Society for Promoting Christian Knowledge) 1917 年所出版，由 Robert Henry (R. H.) Charles 博士翻譯的「以諾書」(*The Book of Enoch*)（譯者註：此書僅包括依學術慣例所稱的「以諾一書」），並於某些章節引用 Ken Johnson 博士或 George Henry Schodde 博士所翻譯的以諾書英文版本之翻譯、註解或表格。此外，譯者也加註了相關聖經內容，希望有助讀者明白這本與我們這末後世代息息相關的預言書，及其與聖經的關聯。本書之中文聖經經文主要引自和合本聖經。

感謝那好牧人主耶穌基督和聖靈的幫助，使本書得以照著父神的吩咐順利完成。

謹將此書獻給至愛的天父耶和華神及主耶穌基督，但願頌讚、尊貴、榮耀、權能都歸給坐寶座的和羔羊，直到永永遠遠！

也祝福讀者們，藉著相信並跟隨耶穌基督，得著平安和永生。願賜平安的神親自使你們全然成聖！又願你們的靈與魂與身子得蒙保守，在我們主耶穌基督降臨的時候，完全無可指摘！

於 2023 年 12 月 14 日光明節期間

以諾書簡介

聖經中某些提到先知以諾的經文:

歷代志上 1:1 亞當生塞特;塞特生以挪士;2 以挪士生該南;該南生瑪勒列;瑪勒列生雅列;3 雅列生以諾….

創世記 5:18 以諾活到六十五歲,生了瑪土撒拉。22 以諾生瑪土撒拉之後,與 神同行三百年,並且生兒養女。23 以諾共活了三百六十五歲。24 以諾與 神同行, 神將他取去,他就不在世了。

希伯來書 11:5 以諾因著信,被接去,不至於見死,人也找不著他,因為神已經把他接去了;只是他被接去以先,已經得了神喜悅他的明證。

猶大書 14 亞當的七世孫以諾,曾預言這些人說:「看哪,主帶著祂的千萬聖者降臨,15 要在眾人身上行審判,證實那一切不敬虔的人所妄行一切不敬虔的事,又證實不敬虔之罪人所說頂撞他的剛愎話。」

中文版維基百科摘錄:

以諾書是啓示文學作品之一,記載了在大洪水之前以諾與上帝同行三百年期間所見的異象。以諾書分成以諾一書(1 Enoch)、以諾二書(2 Enoch)和以諾三書(3 Enoch)三本。

以諾書

以諾一書，又名爲《衣索比亞以諾啓示錄》，因爲它最完整的抄本是用衣索比亞文寫成的。在死海古卷中亦見其殘卷。《新約·猶大書》的作者被認爲深受此書影響。初期教會及教父們十分重視這書，其中以特土良爲代表；但第四世紀開始，教會開始改變態度，因爲奧古斯丁和耶柔米並不看重此書。自此以後，此書僅在衣索比亞東正教教會和衣索比亞猶太人中常被提及。

以諾一書其「一書」之稱不僅僅是學術慣例，而是要強調此書與其他以諾書（以諾二書、三書）之差別。以諾二書、三書的內容、成書時間、原文語言均與一書不同。聖經新約對人子、彌賽亞與祂的國度、天使和魔鬼等思想都直接或間接地跟以諾一書有關。

以諾二書不同於以諾一書，它的來歷、文本的完整性和寫作日期都有很多爭議，所以有部份基督宗教的宗派視之爲僞典。

以諾三書是以希伯來文寫成的猶太啓示文學，與以諾一書和以諾二書沒有直接的關係。

1-5 章 以諾的譬喻：惡人和義人未來的分

第一章

1:1　以諾祝福的話，他以此祝福將活在災難時期的<u>選民</u>[1][和]<u>義人</u>[2]，那時一切惡人[和不敬虔的人]將被剪除。

1:2　他就題起譬喻說，以諾，一個眼睛被神開啓的義人，看見諸天那位聖者的異象，就是天使們所顯給我看的。我從他們那裡聽見一切的事，並從他們那裡明白我所看見的事。但不是爲這世代的人，乃是爲<u>那遙遠的要來的世代</u>。[3]

1:3　關於選民，我開始說到關於他們的譬喻：那位神聖至大者，將從祂的居所出來，

1:4　永遠的神將踏在地上，就在西奈山上，[從祂的營裡顯現]，從諸天的天堂，在祂大能的力量中顯現。

1:5　所有的人都驚恐，<u>守望者們</u>[Watchers][4]都戰兢，大大的

---

[1] 詩篇 135:4 耶和華揀選雅各歸自己，揀選<u>以色列</u>特作自己的子民。

[2] 羅馬書 3:26 好在今時顯明祂的義，使人知道祂自己爲義，也稱<u>信耶穌的人爲義</u>。

[3] 卽我們這末後的世代。

[4] 此處的「守望者們」是指本書第 6-7 章那些<u>墮落</u>的守望者們/天堂兒子們，就是創世記 6:2 提到的神的兒子們。

恐懼戰兢將他們抓住，直到地極。

1:6　高山必被搖動，高嶺必被崩塌，都如蠟在烈焰前熔化。

1:7　大地會被[完全地]撕裂切開，地上的一切都將滅亡，一切都將受到審判。

1:8　但祂將與義人和睦，並保護選民。憐憫將臨到他們，他們全都屬於神，他們將興盛，他們都必蒙福。[祂會幫助他們每一個人]，光會向他們顯現，[祂將與他們和睦]。

1:9　必因他們[5]所行的一切剛愎事報應他們。看哪，主帶著[祂的]千萬聖者降臨，要對一切行審判，祂必消滅[所有]不敬虔的人：並定罪一切血氣之人所妄行的一切不敬虔的事，以及不敬虔的罪人所說頂撞祂的剛愎話。

第二章

2:1　你們當觀察一切發生在天上的事：它們如何不改變其運行軌道，[以及]天上的光體，如何各按其時升降有序，並不違背它們被指派的次序。

2:2　你們當觀看大地，留心其上所發生的事，從始至終，何等堅定，何等不變，惟有神一切的作爲，都向你們顯現。

2:3　看哪！夏天和冬天，全地如何被水充滿，衆雲和雨露怎樣

5　此處的「他們」指的是 1:1 的惡人和不敬虔的人，此節也與猶大書 14-15 相關。

安歇其上。

第三章

3:1 觀看[在冬天]衆樹似乎已乾枯，並且葉子全落，但那十四棵樹卻非如此，它們的葉子並不脫落，舊葉仍要留存兩到三年的時間，直到新葉出現[那新的來到]。

第四章

4:1 此外，你們要留意夏天的日子，太陽如何高過地面，與地相對。因太陽的炙熱，你們要尋找蔭涼和遮蔽處，而大地因增加的炎熱而發燙，以至於你們因其炙熱而無法踩在地上或石頭上。

第五章

5:1 你們要觀察樹木是怎樣長出綠葉，結果子的。所以你們要留心並知道祂一切的作爲，知道那活到永遠的神是怎樣成就這一切的。

5:2 祂的一切工作，年復一年，直到永遠，它們爲祂所作的一切工，都是如此，它們的工並不改變，乃是照著神所命定的去作。

5:3 看哪，大海和江河也照樣完成其任務，不改變祂的命令。

5:4 然而你們卻不堅定,也不遵行主的誡命。而且你們轉離,用你們污穢的口說驕傲和剛愎的話,攻擊神的偉大,你們心硬的人哪,你們必無法得到平安!

5:5 因此你們必咒詛你們的日子,你們一生的年日也必滅亡。你們毀滅的年日將在永遠的咒詛中倍增,你們必不得憐憫。

5:6 當那些日子,你們將使你們的名在所有義人面前成為一個永遠的咒詛。凡咒詛的必藉著你們咒詛,所有的罪人及不敬虔的人必藉著你們祈求降禍[咒詛]。

5:7 你們不敬虔的人必受咒詛。所有的義人都必喜樂,罪得赦免,大有憐憫,平安,寬容。他們必蒙救恩[6],有美好的光。你們這一切罪人,都不得拯救,倒要受咒詛。但選民必有光,喜樂和平安,他們必承受地土。

5:8 那時,必有智慧賜給選民,他們都必存活,無論是出於不敬虔,或是出於驕傲,都不再犯罪。惟有智慧人必謙卑。

5:9 他們一生的日子不再犯罪,也不因[那神聖的]怒氣或忿怒而死,卻要滿了一生的年日。他們的生命必在平安中加增,快樂的年歲必倍增,一生一世都在永遠的喜樂與平安中。

---

[6] 「救恩」的希伯來文為 Yeshuwah,而「耶穌」的希伯來文是 Yeshua,意思是「祂要拯救」。

6-11 章 天使們的墮落；人類道德敗壞；天使爲人類代求；墮落天使的災厄；彌賽亞國度

第六章 [六至八章可參見六十九及八十六章]

6:1　在那些日子裡，當人的兒子們多起來，他們就生了美麗又標緻的女兒們。

6:2　那些守望者們，天堂衆子們，看到她們就貪戀她們，他們彼此說：「來吧，讓我們在人的女兒們中爲我們自己揀選妻子，讓我們爲我們自己立後！」[7]

6:3　其中那爲首的撒母亞撒[Semyaza]對他們說：「我怕你們不會眞的同意行這事，而使我獨自承受這大罪的刑罰。」

6:4　他們都回答他說：「讓我們都起誓，藉著彼此咒詛約束自己，不放棄此計劃，必行此事。」

6:5　於是他們都一同起誓，並藉著彼此咒詛綑綁自己。

6:6　他們總共有兩百位天使;在雅列的日子[8]降到阿底斯

---

[7] 創世記 6:2 神的兒子們看見人的女子美貌，就隨意挑選，娶來爲妻。

[8] 雅列爲以諾的父親。創世記 5:18 雅列活到一百六十二歲，生了以諾。此外，根據創世記第五章推算，雅列的日子在亞當被造後 460 至 1422 年間，並且參照本書 10:10 的預言及註解，推算墮落的守望者們降下到黑門山應不會晚於亞當被造後 1156 年。

[Ardis]，就是黑門山的山頂。他們稱它爲黑門山，因爲他們在那裡起誓，並藉著共同的咒詛約束他們自己。⁹

6:7　這些是他們首領的名字：撒母亞撒[Semyaza]，是他們中間爲首的，阿拉卡巴[Arakibal]，拉米爾[Rameel]，高卡巴爾[Kokabel]，坦米爾[Tamiel]，拉米爾[Ramiel/Ramuel]，但爾[Danel]，以斯克爾[Ezeqeel]，巴拉克爾[Barakel]，阿薩爾[Asael]，阿瑪羅斯[Armaros]，巴他爾[Batarel/Batraal]，安南爾[Ananel]，撒克爾[Zaqeel/Zazebe]，撒母沙培爾[Samsapeel]，撒塔爾[Satarel]，土爾[Turel]，永亞爾[Yomyael]，沙立爾[Sariel]。

6:8　這些是他們的十夫長。

第七章

7:1　所有其餘的立誓天使便和他們的領袖一同娶妻，各選一個，便開始與她們交合，就同她們玷污了自己，而且他們教她們符咒、魔法、根部切割法，並使她們熟悉植物。¹⁰

---

⁹ 猶大書 1:6 又有不守本位、離開自己住處的天使，主用鎖鍊把他們永遠拘留在黑暗裡，等候大日的審判。約書亞記 12:4 又有巴珊王噩。他是利乏音人[巨人]所剩下的，住在亞斯他錄和以得來。5 他所管之地是黑門山…。

¹⁰ 申命記 18:9 「你到了耶和華—你 神所賜之地，那些國民所行可

7:2 她們懷了孕，並生下了高度三千厄爾[肘][或譯：三百肘]的巨人。[11] [12]

7:3 這些巨人消耗掉人類一切取得的，並且當人類再也不能供給他們的時候，

7:4 巨人們就轉而攻擊他們，並吞吃人類。

7:5 他們也開始對鳥類、野獸、爬行動物和魚類犯罪[13]，並吞吃彼此的肉體，又喝血。[14]

憎惡的事，你不可學著行。10 你們中間不可有人使兒女經火，也不可有占卜的、觀兆的、用法術的、行邪術的、11 用迷術的、交鬼的、行巫術的、過陰的。

[11] 根據維基百科：肘（cubit）也稱爲腕尺，是古老的長度單位，是以手臂由手肘到中指頂端的距離爲準。在中世紀及近代世界許多地區都有定義「肘」這個單位，而長度不完全一樣。長度約在 45 到 55 公分之間。

[12] 創世記 6:4 那時候有偉人[巨人]在地上，後來 神的兒子們和人的女子們交合生子；那就是上古英武有名的人。

[13] 有人認爲，這是指他們與獸淫合。

[14] 馬太福音 24:37 挪亞的日子怎樣，人子降臨[卽耶穌基督再來]也要怎樣。38 當洪水以前的日子，人照常吃喝嫁娶，直到挪亞進方舟的那日；39 不知不覺洪水來了，把他們全都沖去。人子降臨也要這樣。

7:6　地就對這些不法之徒提出控訴。

第八章

8:1　阿撒瀉勒[Azazel]教世人製作劍、刀、盾牌和胸甲，並教他們認識地上的金屬並運用它們去做工藝、手鐲、飾品，使用銻金屬、美化眼皮、各種貴重石頭和所有的著色劑。

8:2　於是有許多不敬虔的事興起，他們就行淫亂，且被引入歧途，並在各方面變得墮落敗壞。

8:3　撒母亞撒教魔法/秘術[enchantments]和根部切割法[root-cuttings]，阿瑪羅斯教如何解除魔法/秘術，巴拉克爾傳授占星術[astrology]，高卡巴爾教星座[和兆頭的知識]，以斯克爾[或坦米爾]教衆雲的知識[占星術]，阿拉奎爾 [Araquiel] 教泥土占卜 [geomancy]，森西爾[Shamsiel] 教太陽的預兆，沙立爾 [或阿司拉德爾][Asradel]教月亮的軌道[和騙術]。

8:4　當人類開始滅亡時，他們就哭喊，他們的哭聲上達於天。

第九章

9:1　那時米迦勒，烏列爾，拉斐爾和加百列從天堂往下觀看，看到地上許多流血之事，所有的不法行爲都在地球上發生了。

12

9:2　他們彼此說：「大地荒涼，所有死人的哭喊達到了天堂的眾門。」

9:3　人類的魂向天堂的聖者們控訴說：「請將我們的案子呈到至高者面前。」

9:4　他們對萬代之主說：「萬主之主、萬神之神、萬王之王和萬代之主，祢榮耀的寶座立定直到世世代代，祢的名是聖潔，榮耀，受稱頌直到世世代代！

9:5　祢造了萬有，也擁有掌管萬有的能力：萬有在祢眼中都是赤露敞開的，祢看見所有的事，沒有何事可以向祢隱瞞。

9:6　祢看阿撒瀉勒做了些什麼，他在地上教一切的不義，透露了保留在天堂的永恆奧秘，就是世人都在努力要知道的。

9:7　還有撒母亞撒，祢賜他權柄統治他的同夥。

9:8　他們[指撒母亞撒等天使們]已經和地上人類的女兒們交合，並和女子們同寢而玷污了自己，又向她們透露所有各樣的罪惡。

9:9　女子們已生下巨人們，全地因此被血和不義充滿。

9:10　現在，看哪！那些死人的魂正哭喊，並向著天堂眾門控訴，他們的哀歌上升；並且因地上所行的不法行徑無法止息。

9:11　而祢在萬事發生之前，就已經知道。祢看見了這些事，而祢忍受它們，還沒有告訴我們要如何對待這些正在毀壞祢創造的巨人們。」

666

第十章 [參見第八十八章]

10:1 那時，至高者，那聖潔偉大者就差遣烏列爾[Uriel]到拉麥的兒子那裡，並對他說：

10:2 『奉我的名到諾亞那裡並告訴他，「隱藏你自己！」，並啟示他即將到來的結局：就是全地都將被毀壞，有一大洪水即將臨到全地，並將毀滅地上的一切。

10:3 現在去指示他，使他可以逃脫，並且他的後裔就可以被保存下來，為著世界的所有世代。』

10:4 之後，神又對拉斐爾[Raphael]說：「捆綁阿撒瀉勒的手腳，把他扔進黑暗裡，並在丹諾[Dudael]沙漠上開一個口，把他扔進去，

10:5 把粗糙和鋸齒狀的岩石放在他身上，用黑暗蓋住他，讓他永遠住在那裡，蓋住他的臉，使他無法看見光。

10:6 在大審判的日子裡，他將被丟進火裡。

10:7 醫治被[墮落]天使們敗壞的地，宣告地的醫治，消除各樣的災害[或譯：我將醫治它]，並使所有人類的兒女們不會藉著所有的奧秘事物--就是守望者們已經揭露並教授他們的罪惡--而滅亡。

10:8 全地都藉著阿撒瀉勒所教的行為被敗壞了；所有的罪都歸咎於他。」 [15]

---

[15] 利未記 16:10 但那拈鬮歸與阿撒瀉勒的羊要活著安置在耶和華面

10:9 主對加百列說:「前去攻擊那些雜種[16]和墮落者[被神摒棄者],並攻擊姦淫的兒女們:把[姦淫的兒女們和]守望者的兒女們從人類當中除滅,[並促使他們前去];使他們在爭戰中彼此攻擊,彼此滅絕,因爲他們的日子必不長久。[17] [參見 86:4]

10:10 他們[卽他們的父親]替他們對你的任何請求都不被允許;因爲他們希望永生,但他們每一個都只能活五百年。[18]」

10:11 神對米迦勒說:「去,捆綁撒母亞撒和他那些同夥--他們因與女子們交合,以致於在她們所有的不潔中,同她們玷汙了自己。

10:12 當他們的兒子們已互相殘殺,並且他們已看到他們所愛的[兒子們]的毀滅後,就把他們牢牢地捆綁在地上山谷

前,用以贖罪,打發人送到曠野去,歸與阿撒瀉勒。

[16] 本節的雜種,係指墮落的守望者[神的兒子們]與人類女子交合所生的後代。

[17] 摘錄 Ken Johnson *Ancient Book of Enoch* 第 22 頁附註 R:大洪水前的巨人們有三類--禧年書 7:22 他們生了兒子,就是拿非低族 (Naphidim)。他們互不相同,又彼此吞吃。巨人(Giants)殺戮拿非族(Naphil),拿非族則殺戮以羅奧族(Elyo),以羅奧族則殺戮世人,人又彼此殺戮。

[18] 巨人們的毀滅原因,除了彼此內鬥殘殺外,也因著亞當被造後 1656 年發生的大洪水。所以推算此預言的時間不會晚於亞當被造後 1156 年,而墮落的守望者們降下到黑門山,也應在此時之前。

中七十世代[19]，直到他們審判和終結的日子來臨，直到那永遠的審判終結時。

10:13 在那些日子裡，他們將被帶到火的無底坑[abyss]；被折磨並永遠被囚禁在監獄中。

10:14 從那時起，凡[將]被定罪和除滅的，將與他們一起被綑綁，直到諸世代的終結。

10:15 毀滅所有墮落者和守望者兒女們的靈，因爲他們玷辱了[wronged]人類。

10:16 毀滅地上的所有邪惡，並讓每一惡事終結；讓那公義和真理的苗木出現；這將是祝福；公義和真理的工作必永遠被栽種在真理與喜樂中。[20]

10:17 然後，所有的義人必逃脫[災難]並存活，直到他們生下許許多多後代，他們年青和年老的歲月都必在平安中度過。

10:18 然後全地都被栽種在公義中，都應栽種樹木，並充滿祝福。

10:19 所有合乎需要的樹都須被栽種在其上，他們應在其上種植葡萄樹；他們所種的葡萄樹必產下豐盛的酒，至於每

---

[19] 摘錄 Ken Johnson *Ancient Book of Enoch* 第 23 頁附註 T：根據路加福音 3:23-38，從以諾到耶穌基督共七十世代。

[20] 但以理書 9:24「爲你本國之民和你聖城，已經定了七十個七。要止住罪過，除淨罪惡，贖盡罪孽，引進（或譯：彰顯）永義，封住異象和預言，並膏至聖者（者：或譯所）。

粒播下的種子,都會生產一千,並且每量具[measure]
橄欖會生產十壓具[presses]的油。

10:20 地將被潔淨而除去所有的壓迫、一切的不義、所有的罪、
一切的不敬虔;行在地上的所有污穢都要從地上除去。

10:21 人類的所有後代,都將成為義人,萬國必敬拜並讚美我,
萬有都必敬拜我。

10:22 地將被潔淨而除去一切的污穢、所有的罪、[以及因罪惡
所導致的]所有懲罰以及所有折磨,而我將永遠不再差它
們[或譯:大洪水]到地上。

第十一章

11:1 當那些日子,我必開天上的福庫[複數],好將它們降到地
上,臨到人類後代的工作和勞動。

11:2 在世界所有的日子以及人類的世世代代中,真理與平安必
彼此相聯。

12-16 章 以諾的夢；他爲墮落天使代求；也向他們宣告最初和末後的審判

第十二章

12:1 在這些事之前，以諾就被隱藏了，人類的後代無人知道他被藏在何處，他住在何處，以及他後來變得如何。

12:2 他[以諾]的行動與守望者們有關，他的日子[21]與聖者們同在。

12:3 我，以諾，正祝福尊大的主和世代的王時，看哪！守望者們呼叫我：「文士以諾!」，並對我說:

12:4 『以諾，公義的文士，去，對那些離了高天聖潔永恆之處，並和[人類]女子們玷污自己，並像地上之子一樣爲自己娶妻的天堂守望者們宣告：「你們在地上行了極大的破壞。

12:5 你們必沒有平安，也不會得到赦罪；你們十分鐘愛你們的孩子，

12:6 你們要親眼目睹你們所愛的被殺。你們將哀歎你們兒女們的毀滅，也必永遠懇求。但是你們必得不到憐憫與平安。」』

---

[21] 創世記 5:21 以諾活到六十五歲，生了瑪土撒拉。 22 以諾生瑪土撒拉之後，與神同行三百年，並且生兒養女。 23 以諾共活了三百六十五歲。24 以諾與神同行，神將他取去，他就不在世了。

第十三章

13:1 以諾就去對他們說:「阿撒瀉勒,你必沒有平安:已經有嚴厲的判決向你發出,你必被捆綁。

13:2 你必不得到寬容,你的請求也不蒙應允,因為你所教的不義,也因為你向人類所顯明的一切不敬虔,不義和罪惡的行為。」

13:3 然後,我去對他們全體說話,他們全都害怕、恐懼和戰兢。

13:4 他們便央求我為他們寫請願書,好使他們被饒恕,並要我在天堂的主面前讀他們的請願書。

13:5 因為從那時起,他們不可以[同祂]說話,也不能舉目望天,因為恥於他們已被宣判的罪行。

13:6 我就寫下他們的請願書,並個別地為他們的靈和行為,以及他們所求的赦免和年日[或譯:平安],寫下禱告。

13:7 我去坐在但[Dan]的土地上之眾水旁,在黑門山西南的地方;我讀著他們的請願書,直到睡著了。

13:8 看哪!我作了一個夢,異象降臨在我身上,我看到了懲戒的異象,我跟墮落天使們說話,並譴責他們。有聲音囑咐我將它告訴這些墮落的天堂的兒子們,並譴責他們。

13:9 當我醒來，就來到他們那裡，他們都聚坐一處，在黎巴嫩與示尼珥之間的阿貝爾賽愛爾[Abelsiail][22]掩面痛哭。

13:10 我在他們面前述說我在睡夢中所見的一切異象，並開始說公義的話，譴責這些天上的守望者們。

第十四章

14:1 公義的話以及譴責永恆守望者們之書，照著那異象中聖潔偉大者[所發出]的命令。

14:2 我現在要用肉身的舌頭和口中的氣息來告訴你們夢中所見的事：就是那偉大者已賜給人用心來交談和理解的事。

14:3 正如祂已創造並賜人類明白智慧之話的能力，祂也照樣創造我並賜我能力譴責[那些]天堂之子守望者們。

14:4 我寫出你們的請願書，然而在我的異象中看來，你們的請願書必永世不蒙應允，審判已經向你們發出：的確[你們

---

[22] 摘錄 Ken Johnson *Ancient Book of Enoch* 第 26 頁附註 BB：衣索比亞版本譯自原希伯來文。因此，此處的名稱是聖經時代的山和土地的名稱。但位於黑門山（Mountain Hermon）的西南部。它靠近一條流自附近山脈並流入約旦河的溪流。示尼珥（Senir）是黑門山的亞捫名稱。因此，阿貝爾賽愛爾可能在黑門山和黎巴嫩之間，與黑門山到但的距離大致相同。

的請願書]不蒙應允。

14:5 今後你們將永不得升到天上,且有令發出,在世上一切的日子要以地上的鐐銬綑綁你們。

14:6 並且在[那]之前,你們必看到自己所愛的兒子們被滅,你們必不能因他們歡喜,因爲他們必在你們面前倒在刀下。

14:7 你們爲他們或自己的請願書都不被應允;即使你們哭泣、禱告並說出我所寫下的所有話語。

14:8 顯現予我的異象如下:看哪,在異象中衆雲邀請我,霧也召喚我,衆星的運行軌道及閃電加速並催促我,衆風在異象中使我飛行,並將我舉起進入天堂。

14:9 然後我進去,直到我靠近一堵用水晶建造、被火舌包圍的牆;它開始讓我覺得恐懼。

14:10 我進入那火舌,並靠近一座水晶做的巨大的殿 [house] [以下皆稱「殿」]:那殿的牆壁和地板都是用崁入的水晶作的,殿的根基是水晶作的。23

14:11 它的天花板清澈如水,但是由迴旋的星星和閃電組成[如同衆星和閃電的軌道],在它們中間有熾熱的基路伯。

14:12 烈火包圍了水晶牆,而它的衆入口也有火閃耀。

14:13 我進到那殿中,其熱如火,其冷如冰;無生命的喜樂在其內;恐懼遮蓋我,戰兢將我抓住。

---

23 啓示錄 4:6 寶座前好像一個玻璃海,如同水晶。…

14:14 正當我震驚戰慄時，我面俯於地。

14:15 我注視著一異象，看哪！有另一座殿，比之前的更大，整個入口在我面前敞開，這入口是用火焰造的。

14:16 在每一個方面，它都是如此的輝煌、壯觀和宏大，我無法向你描述它的輝煌和廣度。

14:17 它的地板是火，其上有閃電和眾星的軌道，它的天花板也是燃燒的火焰。

14:18 我觀看，見其中有一崇高的寶座，形狀如水晶，其輪如烈日；我也聽見基路伯的聲音；

14:19 在那寶座之下有火河湧出，令我不能看清楚它。[24]

14:20 那偉大榮耀者就坐在其上，祂的衣裳比太陽更亮，比雪更白。

14:21 因其莊嚴和榮耀，眾天使中無一可以進入，無一可以注視祂的面，沒有任何血肉之軀可以注視祂。

14:22 祂周圍有燃燒的火焰，並有大火立在祂面前，那周圍侍立的無一能夠靠近祂；在祂面前[站立的]有千千萬萬，然而祂卻不需要策士。

14:23 靠近祂的至聖者們夜間都不離去，也不離開祂。

---

[24] 但以理書 7:10 從祂面前有火，像河發出；事奉祂的有千千，在祂面前侍立的有萬萬。

14:24 在那之前，我一直面俯於地，顫抖著。主親口呼喚我，對我說：「到這裡來，以諾，來聽我的話。」

14:25 聖者們其中一位來我身旁使我甦醒，他使我起身並靠近那門；我就低著頭。

第十五章

15:1 祂回答並對我說話，我聽到祂的聲音：『不要害怕，以諾，你這義人、公義的文士：進前來，聽我的聲音。

15:2 去！告訴那些差你為他們代求的天堂守望者們，說：「你們當為人類代求，而非人類為你們代求。

15:3 為什麼你們要離開崇高、聖潔和永恆的天堂？去和女子們躺臥，因人的女兒們污穢了自己，並為自己娶妻，像地上之子所行的，並生下巨人[作你們的]兒子們呢？

15:4 雖然你們曾是聖潔、屬靈、有永遠的生命，但是你們已經用女人的血污染了自己，並用肉體的血生下[後代]，又貪求肉體和血，如同會死並滅亡的人類兒女們。25

15:5 為這緣故，我賜給他們[指人類]妻子，使他們可以使她們

---

25 詩篇 82:1 神站在有權力者的會中，在諸神中行審判，6 我曾說：你們是神，都是至高者的兒子。7 然而，你們要死，與世人一樣，要仆倒，像王子中的一位。

懷孕，並藉她們生下後代，這樣他們在地上就不會短缺了。

15:6 但對世上所有世代，你們先前是屬靈的、有永恆的生命，是不死的。

15:7 因此，我沒有爲你們指定妻子；因爲對天堂的靈體而言，他們的居所是在天上。

15:8 而如今，從靈和肉體所生的巨人們，在地上要被稱爲邪靈，他們的居所是在地上！

15:9 邪靈出自他們[巨人]的身體；因爲他們是從人所生，而聖守望者們是牠們最初和原始的起源；牠們必成爲地上的邪靈，「邪靈」就是牠們的稱呼。

15:10 [至於天堂的靈，天堂是他們的住處，但對於出生在地上的地上的靈，地就是牠們的住處。]

15:11 巨人們的靈[彼此爲敵]在地上折磨、欺壓、毀滅、攻擊、打仗，且行毀壞，製造麻煩；牠們不吃東西，卻飢渴並犯罪，[但卻是看不見的]。

15:12 這些靈要起來攻擊人的後代和女人，因爲牠們是出自他們。』

第十六章

16:1 「從巨人們遭殺戮、毀滅和死亡的日子開始，從他們肉體的魂中，他們的靈已經出來，將毀滅[破壞]而不招致審判

--這樣，他們將毀滅[破壞]，直到末日的到來，偉大的審判將在其中完成，在守望者們和不敬虔的人身上，是的，將完全完成。」

16:2 『至於派你來替他們代求，早先曾在天上的守望者們，[對他們說]：

16:3 「你們曾在天上，但所有的奧秘尚未被啓示給你們，你們只是知道沒有價值的事，你們又硬著心將其教給女人。並且男人和女人藉著這些奧秘在地上大大地行惡。」

16:4 因此對他們說：「你們沒有平安！」』

17-36 章 以諾往來地球和陰間的旅程

17-19 章 第一次旅程

第十七章

17:1 他們把我帶到一個地方，那些在那裡的像烈火，只要他們想，他們就可以變成人的模樣。

17:2 然後他們把我帶到那黑暗[旋風]之地，並到了一座頂端高達天堂的山。

17:3 我看到了眾光體之地[複數]，眾星的寶庫[複數]和雷電的寶庫，而在最深之處[複數]有一把火熱的弓、箭[複數]、其箭筒、一把火劍及所有的閃電[複數]。

17:4 他們把我帶到活水[複數]，又去到西方之火那裡，就是接待每一日落之處。

17:5 之後我來到了一條火河，火焰在其中似水流動，且排入朝西的那大海裡。

17:6 隨後我看到眾大河，並來到那大河，也去到那大黑暗，且去了那沒有肉體行走之處。

17:7 我看到冬季黑暗的眾山，以及所有深水流出之處。

17:8 我看到地上一切江河和深淵的口。

第十八章

18:1 我看見了衆風的寶庫:我看見祂是如何用它們佈置整個創造和地的穩固根基[複數]。

18:2 我看見了地的基石[房角石]²⁶:我看見承載著[大地和]天堂穹蒼的四風。

18:3 我看到這些風是怎樣鋪張天的拱頂[複數],使它們在天與地之間站立;這些就是天的柱子。

18:4 我看到了天堂的衆風,它們轉動並將太陽和所有星星的圓周引到其位[或譯:引導太陽和所有行星的運行軌道]。

18:5 我看見地上衆風載著衆雲;我看見了天使們的路徑[複數]。我看見地極,其上有天的穹蒼。

18:6 我繼續前行並看見一晝夜燃燒之處,那裡有七座山,有著宏偉壯麗的石頭,其中三座朝東,三座朝南。

18:7 那些朝東的山,一座由彩石做成,一座由珍珠做成,一座由紅鋯石[jacinth,橘紅色的寶石]做成;朝南的那些山則由紅石做成。

---

²⁶ 約伯記 38:6 地的根基安置在何處?地的角石是誰安放的?

18:8 但中間那直達天堂的山，猶如神的寶座，它是由雪花石膏岩[alabaster，條紋大理岩]做成的，而那寶座的頂端則是由藍寶石[sapphire]²⁷作成的。

18:9 我還看到一燃燒的烈焰。而在這些山之外，

18:10 就是一個區域—地極：在那裡諸天是完全的/相連的[衆水聚集]。

18:11 我看見了一個深的無底坑，有著天堂之火的圓柱[複數]，我看見它們中有些圓火柱[複數]落下，其高度和深度無法測度。

18:12 越過無底坑，我看到了一個地方，其上沒有天堂的穹蒼，其下也無牢固建立之地；那裡沒有水，也沒有鳥，而是一荒涼可怕之處。

18:13 我又看見有七顆彷彿燒著的大山一樣的星體，當我詢問關於它們的事，

18:14 那天使說：「此地是天地的盡頭：這裡已成爲衆星和天軍的監獄。

18:15 那些在火裡輾轉翻騰的衆星，在它們升起之初，就已違背了主的命令，因爲它們不按照它們派定的時間出現。

---

²⁷ 以西結書 10:1 我觀看，見基路伯頭上的穹蒼之中，顯出藍寶石的形狀，彷彿寶座的形像。

18:16 主向它們發怒，便把它們捆綁一萬年，直到它們的罪孽滿了。」

第十九章

19:1 烏列爾對我說：「使自己與女子們交合的天使們要待在這裡，牠們假扮成許多不同樣子的靈正在污穢人，使人走迷，把鬼魔[demons]當作諸神，並向牠們獻祭。[牠們要在此待]到大審判的日子，牠們必在其中受審，直到牠們被終結為止。

19:2 那些誤入歧途天使們的女人必成為妖婦[與牠們在一起]。」

19:3 我，以諾，獨自看到這異象--萬有的結局；無人會看見我所看見的。

20-23 章 七位天使長；墮落天使的刑罰之處；陰間

第二十章 七位天使長[Archangels]的名稱和功能

20:1 這些是守望的聖天使們的名字：

20:2 烏列爾 [Uriel]，聖天使之一，掌管世界和地獄[Tartarus][或譯：雷轟和令人恐怖之事]。

20:3 拉斐爾[Raphael]，聖天使之一，掌管人類的靈。

20:4 拉吉爾[Raguel]，對眾光體的世界施行報復的聖天使之一

[或譯：聖天使之一，在地上和對眾光體施行報復]。

20:5 米迦勒[Michael][28]，聖天使之一，掌管人類最美好的部分[和百姓]，也掌管混亂。

20:6 沙拉基爾[Saraqael]，聖天使之一，掌管那些[使人]犯罪的靈。

20:7 加百列[Gabriel]，聖天使之一，掌管樂園、眾蛇[或譯：撒拉弗]和基路伯。

20:8 拉美爾[Remiel]，聖天使之一，神立他掌管凡興起/升起[rise]的。

第二十一章　墮落天使們[眾星]的初步和最終刑罰之處

21:1 然後我來到了一個混亂[空虛混沌/什麼都沒完成]的地方。

21:2 我看到那裡的可怕：我既看不到天堂在上，也看不到牢固建立之地，而是一個混亂又恐怖的地方。

21:3 我看到天堂的七顆星在其中被捆綁在一起，好像眾大山，且被火燃燒。

21:4 然後我說：「他們因何罪被綁，他們何故被扔在這裡？」

21:5 然後，聖天使之一，也是他們的領袖，與我同在的烏列爾

---

[28] 但以理書 12:1 那時，保佑你本國[以色列]之民的天使長（原文是大君）米迦勒必站起來…。

說：「以諾，你爲何發問，爲何渴望眞相？

21:6 這些是天堂的衆星，他們違背了耶和華的誡命，就被綁在這裡直到一萬年--等到他們的罪所需[承擔]的[刑罰]時間滿足。」

21:7 從那裡我去到另一個地方，比之前的更可怕，我看見一可怕的事：那裡有大火燃燒並發出強光，那地裂開如無底坑之深，充滿落下的大火柱，我既看不到它的範圍或大小，也無法猜測。

21:8 我便說：「這個地方何等可畏，看起來多麼可怕！」

21:9 然後烏列爾，與我同在的聖天使們中的一位，回答我說：「以諾，你爲何如此害怕又恐懼呢？」我回答說：「因爲這個可怕的地方，也因爲此痛苦的景象。」

21:10 他對我說：「這個地方是天使們的監獄，他們將永遠被囚禁在這裡。」

第二十二章 陰間或地獄 [The Underworld，冥界]

22:1 從那裡我去到另一個地方，他給我看在西方有[另]一又大又高的山脈，有著堅硬的岩石。

22:2 [在它們之下]有四個又深又寬且非常平滑的地方。那些凹處非常平滑，如同被碾過一樣，其中三處是黑暗的，一處是明亮的。中間有一噴泉，我說：「這些凹處如此平滑，看來又深又黑。」

22:3 然後，拉斐爾--與我同在的聖天使們其中的一位--回答我
說：「這些凹處就是為此目的而造的，凡死人之魂的靈應
聚集在其中，的確，所有人類兒女們的魂應聚集在這裡。

22:4 這些地方被造為要接收他們，直到他們審判的那日，直到
他們指定的時期，直到那大審判臨到他們身上。」

22:5 我看見死去的人類兒女們的靈[複數]，他們的聲音[單數]
傳到天堂並控訴[或譯：我看見一個死人[的靈]在控訴，
他的聲音[單數]傳到天堂並控訴]。

22:6 然後，我就問與我同在的天使長拉斐爾，我對他說：「那
傳到天堂並控訴的聲音是誰的靈？」

22:7 拉斐爾回答我說：「這是出自亞伯的靈[29]，他哥哥該隱殺
了他，他針對他[該隱]提出他的訴訟，直到他[該隱]的後
裔在地面上被毀滅，並且他[該隱]的後裔在人類中被徹底
殲滅為止。」

22:8 於是我詢問關於所有的凹處：「為什麼有一處與其他地方
分開呢？」

22:9 他[拉斐爾]回答我說：「這三處被造為要隔開死人的靈。這
樣的區隔是為著義人的靈，其處有那明亮的水泉，並有光
環繞。

---

[29] 創世記 4:10 耶和華說：「你做了甚麼事呢？你兄弟(亞伯)的血有
聲音從地裡向我哀告。」

22:10 有一處是爲著那些罪人，當他們在地上死去並埋葬，終其一生還未在他們身上執行審判。

22:11 在這裡，他們的靈會在此巨大的痛苦中被隔開，直到那審判的大日，永遠懲罰[鞭打]和折磨那些[受]咒詛者/謾罵者，好在那裡報應他們的靈。祂必永遠把他們綑綁在那裡。

22:12 這一處則是爲那些提出控告者的靈，那些因其自身的毀滅而大聲哭喊者的靈，他們在罪人的日子被殺。

22:13 這一處則是針對那些不義的罪人，他們惡貫滿盈，他們會與像他們一樣的罪犯在一處；但在審判的日子，他們的靈不會被宰殺[或譯：刑罰]，他們也不會從那裡復活。

22:14 然後我稱頌榮耀的主說：「我主當受稱頌！公義的主，永遠掌權！」

第二十三章 對付天堂眾光體的火焰

23:1 從那裡我去到另一個地方，到地球西邊的盡頭。

23:2 然後我看見一團烈火，不住地奔跑，它的行進晝夜不停，規律地持續奔跑。

23:3 我問道：「這不休息的是什麼？」

23:4 那時，與我同在的聖天使之一的拉吉爾回答我說：「你所看見這行進的火，就是那在西方的火，迫害天上所有的光

體。」[或譯：你所看見的這向西奔跑的燃燒的火，是天上
所有天體的火。]

24-25 章 在西北方的七山和生命樹

第二十四章

24:1 從那裡我去到地球的另一個地方，他給我看一座晝夜不停
燃燒的山脈。

24:2 我越過它[那山脈]，就看見七座不同的雄偉之山，[它們的]
石頭雄偉美麗。整體上宏偉壯觀，外表榮耀優美：三座朝
東，一座在另一座之上，三座朝南，一座在另一座之上，
以及崎嶇不平的深谷，沒有一個彼此相連。

24:3 第七座山就在它們中間，是其中最高的，如寶座的座位；
有眾香樹環繞著寶座。

24:4 它們當中有一棵樹，是我未曾聞過，也無其他任何樹木像
它。它的芳香勝過其他一切香氣，它的葉子，花朵和樹木
永不枯乾；它的果子美麗，好像棕樹[椰棗樹]的椰棗。

24:5 我便說：「看哪，這樹如此美麗芬芳，而且葉子很美，花
朵的樣貌也令人喜愛。」

24:6 米迦勒便回答，他是與我同行的聖潔尊榮天使之一，也是
他們的領袖。

第二十五章 米迦勒對以諾解釋生命樹及神的恩典

25:1 然後他對我說：「以諾，你爲什麼問我那樹的香氣？你爲什麼想知道眞相？」

25:2 我回答他說：「我希望知道每一件事，特別是關於此樹。」

25:3 他回答說：「你見到的這座高山--山頂如神的寶座--正是祂的寶座，當祂降臨以美善造訪地球時，那聖潔偉大者，榮耀的耶和華，永恆之王將坐在其上。

25:4 至於此香樹，沒有凡人被允許觸摸它，直到大審判，當祂完成所有的報復，使[萬有]永遠進入完滿。它[此樹]就會被賜給公義聖潔者。

25:5 它的果子必作選民的食物[30]；它必被移植到北方[31]，在聖所中，到耶和華永恆之王的殿中。

25:6 他們必高興歡喜，他們必進入聖所；它的香氣必在他們的骨中，他們在地上必日子長久，如同他們的先祖一樣：在他們的年日中必無悲傷、瘟疫、折磨或災禍觸碰他們。」

25:7 我就稱頌榮耀的神，永遠的王，祂已爲義人預備如此事物，[祂]已創造了這些，並應許要賜給他們。

---

[30] 啓示錄 2:7 聖靈向衆教會所說的話，凡有耳的，就應當聽！得勝的，我必將　神樂園中生命樹的果子賜給他吃。』」

[31] 約伯記 37:22 金光出於北方，在神那裡有可怕的威嚴。

第二十六章 耶路撒冷、衆山、山谷和河流[32]

26:1 然後，我從那裡來到了大地的中間，我看到一個蒙福並結實纍纍的地方[耶路撒冷]，有衆枝子從一棵被砍下的樹[33]長出並開花。

26:2 [在那裡]，我看見了一座聖山[聖殿山]，底下往東之處有一河流[基訓泉]，流向南方[西羅亞池]。

26:3 我看見往東另有一比這座更高的山[橄欖山]，在它們中間有一個深窄的峽谷[汲淪溪谷]：那座山底下也有河流在其中流動。

26:4 往西還有一座比前者矮，且低海拔的山[耶路撒冷的上城]，在它們中間有一山谷[蒂羅爾波昂山谷，Tyropeon Valley，意思是起司製造商之谷]：還有另一個乾涸的深谷[欣嫩子谷，又稱巨人谷]則位於這三座山的盡頭。

26:5 所有的山谷都又深又窄，由堅硬的岩石構成，其上無法種樹。

---

[32] 26:1-4 括弧內的地名是根據 Ken Johnson *Ancient Book of Enoch* 第 41-46 頁 26:1-4

[33] 詩篇 80:8 祢從埃及挪出一棵葡萄樹[古以色列]，趕出外邦人，把這樹栽上。16 這樹已經被火焚燒，被刀砍伐；他們因你臉上的怒容就滅亡了。

26:6 我對這些岩石和山谷感到驚嘆，的確，我非常驚嘆。

第二十七章 受咒詛的山谷[存在]之目的

27:1 然後我便問：「這滿了樹木的蒙福之地[以色列]，其中卻有這個受咒詛的山谷，目的何在？」

27:2 與我同在的聖天使之一，烏列爾回答說：「此受咒詛的山谷是爲了那些永遠受咒詛的：所有受咒詛的必被聚集在此，就是那些用嘴唇說出不當話語攻擊耶和華的，以及對祂的榮耀說刻薄話的。他們必被一起聚集在此，這裡必作他們的審判之地。

27:3 在末後的日子，他們必在義人面前面臨公義審判的公開展示，直到永遠。在這裡，蒙憐憫的人必在這裡稱頌榮耀之主，永遠的王。

27:4 在前者[受咒詛者]的審判日子，他們必稱頌神，按祂所派給他們[他們的分]的憐憫。」

27:5 我便稱頌榮耀的主，述說祂的榮耀，並榮耀地讚美祂。

28-33 章 進一步的東方之旅

第二十八章

28:1 從那裡我往東去，到了沙漠山脈的中間，我看到了一片曠野，人煙稀少，充滿樹木和植物。

28:2 水從上方噴湧而出。

28:3 猶如一股強勁的水流沖向西北，它使四周升起了雲層和露水。

第二十九章

29:1 從那裡我去到沙漠中的另一個地方，靠近此山脈的東邊。

29:2 我看到在那裡有散發乳香和沒藥香氣的審判樹[複數]，不同於一般的樹。

第三十章

30:1 越過這些後，我去到遙遠的東方，我看見另一個地方，一座滿了永不乾涸之水的山谷。

30:2 在那裡有一棵美麗的樹，其香氣像乳香樹脂。

30:3 在那些山谷的側面，我看到了香肉桂。然後我越過這些，繼續前往東方。

第三十一章

31:1 在那裡我看到其他的山[複數]，它們之間是小樹林，從它們流出花蜜，名爲薩拉拉[sarara]和喜利比拿[galbanum]

[古蓬香脂，波斯樹脂][34]。

31:2 越過這些山，我看見另一座山，在地球東邊的盡頭，其上有蘆薈樹，所有的樹都滿了拿他弗[stacte]，猶如杏仁樹。

31:3 當人將它點燃時，聞起來比任何香氣更甜。

第三十二章

32:1 在這些香氣之後，當我向北望去，越過山脈，我看到七座山，滿了上好的甘松、香樹、肉桂和胡椒。[或譯：往東北我看到七座山，滿了上好的甘松、乳香、肉桂和胡椒。]

32:2 從那裡我越過這一切山脈的頂峰，遠至地球的東方，越過了厄立特裡亞海[Erythraean Sea] [印度洋古稱]，又遠離那裡，且越過天使索提伊爾[Zotiel]。

32:3 我來到公義園[伊甸園]，見那裡長著那些樹以外的許多大樹，[那裡有兩棵樹]，有著優美的香氣，高大，極其美麗和榮耀，而那智慧樹[或知識樹]，他們吃了[它的聖潔果子（單數）]，就知道大智慧。

---

[34] 出埃及記 30:34 耶和華吩咐摩西說：「你要取馨香的香料就是拿他弗[stacte]、施喜列[onycha]、喜利比拿[galbanum]這馨香的香料、和淨乳香、各樣要一般大的分量。

32:4 那樹的高度像杉木，其葉子像角豆樹的葉子；它的果子如同葡萄樹上的眾葡萄串，極其美麗；那樹的香氣滲透到遠處。

32:5 我便說：「這樹何等美麗啊！其外貌多麼吸引人！」

32:6 拉斐爾[Raphael]，那與我同在的聖天使，回答我說：「這是智慧樹，在你之前的先祖父母[亞當和夏娃][35]曾經吃過，他們就得了智慧，他們的眼睛被打開，他們便知道自己是赤身露體的，他們就被逐出園子。」

第三十三章

33:1 從那裡我去到地球的盡頭，看見那裡有巨獸們，各不相同；[我看到]許多的飛鳥，它們的樣式、美麗和叫聲也彼此有別。

33:2 在那些獸的東面，我看見天堂安息在地極（複數）之上，並且天堂的眾門[或譯：星座/星群]敞開著。

33:3 我看見天上眾星怎樣出來，照著與我同在的聖天使烏列爾向我展示的，我數算它們所出之門戶，並寫下每一個別星體的所有去處[出口]，依據它們的數量、名稱、運行軌道、方位、時間和月份。

---

[35] 根據創世記第五章推算，亞當死時，以諾應爲三百零八歲。

33:4 他向我展示了所有的事，並爲我把它們寫下來：他也爲我寫下它們的名字、律例和同伴[或譯：運作]。

34-35 章 以諾往北方的旅程

第三十四章

34:1 從那裡我往北來到衆地極[北極]，我看見一個偉大又榮耀的設計[裝置]，在全地的衆極處。

34:2 這裡我看見在天上有三個天門打開：北風經由這些門而出，當它們吹起，就有寒冷、冰雹、霜、雪、露珠和雨水。

34:3 它們從其中一個門中爲益處而吹起：但是，當它們經由其他兩個門吹起時，就在地上帶來暴力和苦難，並且它們猛烈地吹。

第三十五章

35:1 從那裡我往西來到衆地極，在那裡我也看見有三個打開的天門，其門和出口的數目與我在北方[或東方]所見的一樣。

第三十六章 往南方的旅程

36:1 從那裡我往南來到地極[南極]，在那裡我也看見有三個打開的天門，有露水、雨和風從那裡出來。

36:2 從那裡我往東來到天的盡頭[複數]，在這裡我看見天堂三個朝東的門打開，它們上方還有眾小門。

36:3 天上的星星穿過這每一個小門，然後沿著指示它們的路徑向西運行。

36:4 就著我所看見的，我不停稱頌榮耀的主，並繼續稱頌那行偉大榮耀神蹟的榮耀之主，祂向天使們，萬靈和人類展示祂作爲的偉大，使他們可以讚美祂的作爲和祂所有的創造；他們可以看到祂大能的作爲，並讚美祂雙手的偉大作爲，並永遠稱頌祂。

37-71 章 三預言書

第三十七章

37:1 這是他[以諾]所見的第二個異象,智慧的異象;以諾是雅列的兒子,雅列是瑪勒列的兒子,瑪勒列是該南的兒子,該南是以挪士的兒子,以挪士是塞特的兒子,塞特是亞當的兒子。

37:2 這是智慧言語的開端,就是我揚聲並告訴那些住在地上的人說:「聽哪,你們古時的人,看哪,你們後來的人,我要在萬靈之主[36] [37][即耶和華]面前說出至聖者的話。

37:3 [單單]向古時的人宣告這些是比較好的,但即使向那些後來的人,我們也不會扣留智慧的開端。

37:4 依我所見,直到如今,萬靈之主從未賜下這樣的智慧如同我已領受的,照著萬靈之主的美好喜悅,藉著祂,永生的分已被賜給我了。

37:5 有三個譬喻分賜給我,我就揚聲向那些住在地上的人詳細述說。」

---

[36] 民數記 27:16「願耶和華萬人之靈的神,立一個人治理會眾,

[37] 希伯來書 12:10 生身的父都是暫隨己意管教我們;惟有萬靈的父管教我們,是要我們得益處,使我們在祂的聖潔上有分。

38-44 章 預言一書 四天使；天文的奧秘；智慧的居所；惡人所受的審判

38-39 章 第一個譬喻

第三十八章 要臨到惡人的審判

38:1 當義人的會出現，罪人必因他們的罪受審判，並從地面上被趕出去。

38:2 當那義者[彌賽亞，主耶穌基督]在義人[或加：和選民]--他們的工作有賴於萬靈之主--眼前顯現時，光必向住在地上的義人和選民顯現，那時，何處是罪人的居所呢？何處是那些否認萬靈之主的人之安息處呢？他們若不出生倒好。

38:3 當義人的奧秘[複數]被顯明，罪人就被審判，一切不信神[不敬虔]的都必從義人和選民的面前被趕逐。

38:4 從那時起，那些佔據[支配]地球的必不再強大，也不再被高舉，他們必無法觀看眾聖者的臉，因為萬靈之主已使祂的光顯在聖民[the holy，以下同]、義人和選民的臉上。

38:5 然後諸王和大能者們[大能的諸王]必滅亡，必被交在義人和聖民的手中。

38:6 從那時起，必無人能向萬靈之主為自己尋求憐憫，因為他們的生命已到了盡頭。

第三十九章 義人和被揀選者的居所；蒙福者的讚美

39:1 當那些日子，蒙揀選和聖潔的兒女們必從高天降臨，他們的後裔必與人的兒女們合而爲一。

39:2 在那些日子裡，以諾收到了熱心與忿怒書[複數]，以及擾亂書與驅逐書[複數]。萬靈之主說：「必不賜他們憐憫。」

39:3 在那些日子裡，有一旋風把我從地上帶走，又把我放在諸天的盡頭。

39:4 我在那裡看見另一異象，關乎聖民的居所和義人的安息處。

39:5 在這裡我親眼看見了他們的居所[複數]與祂公義天使們同在，他們的安息處[複數]與聖者們同在。他們爲人類的後代祈求、代求和禱告，公義在他們面前流動如水，憐憫如露降在地上，就這樣在他們中間，直到永永遠遠。

39:6 在那地方，我親眼看見那公義信實的蒙揀選者[The Elect One，卽彌賽亞，主耶穌基督]。

39:7 我看到祂的居所在萬靈之主的翅膀下，在祂的日子公義必得勝，必有無數的義人和選民在祂面前直到永永遠遠[或譯：在祂的日子公義必得勝，必有無數的義人和選民在祂面前直到永永遠遠。我看見他們住在萬靈之主的翅膀底下]。所有在祂面前的義人和選民將強壯如熾熱的光，他們的口必充滿稱頌，他們的唇必頌揚萬靈之主的名。公義在祂面前必永不止息。

39:8 我盼望住在那裡，我的靈渴慕那居所；在這之前，那裡已

經是我的分，因爲關於我的事在萬靈之主面前已經確定了。

39:9 在那些日子裡，我以稱頌和讚美來讚美並頌揚萬靈之主的名。因爲祂已照著萬靈之主的<u>美意</u>[喜悅]命定我必得祝福和榮耀。

39:10 我的眼睛注視著那地方很長的時間，我就稱頌並讚美祂，說：『祂是應當稱頌的，願祂受稱頌，從起初直到永遠。

39:11 在祂面前沒有窮盡。祂在創世之前，就知道什麼是永恆，以及世世代代將會是什麼樣子。

39:12 那些稱頌祢的並不打盹[38]，他們在祢的榮耀面前侍立，稱頌，讚美和頌揚說：「聖哉，聖哉，聖哉，萬靈之主；祂使萬靈充滿全地。」』

39:13 在這裡，我親眼看見所有那些<u>不打盹的</u>；他們在祂面前侍立，稱頌說：「祢配得稱頌，神的名是應當稱頌的，直到永永遠遠!」

39:14 我的面容[眼前的景象]被改變，<u>因爲我不能再觀看</u>[或譯：直到什麼也看不到了]。

---

[38] 啓示錄 4:8 四活物各有六個翅膀，遍體內外都滿了眼睛。他們<u>晝夜不住地</u>說：「聖哉！聖哉！聖哉！主神是昔在、今在、以後永在的全能者。」

以諾書

40-41 章 第二個譬喻 四天使

第四十章

40:1 此後我看見千千萬萬[39]，伺立在萬靈之主面前的群眾，他們的數目多的無法數算。

40:2 在萬靈之主的四圍，我看到四個存在物[presences，面貌]，與那些不打盹的不同，並且我得知他們的名字：因為陪我同行的天使讓我知道他們的名字，又把一切隱藏的事指示我。

40:3 我聽到那四個存在物的聲音，當他們在榮耀之主面前發出讚美時。

40:4 第一個聲音稱頌萬靈之主，直到永遠。

40:5 我聽見第二個聲音在稱頌那蒙揀選者[The Elect One，即彌賽亞，主耶穌基督，以下同]，以及那些倚靠萬靈之主的選民。

40:6 我聽見第三個聲音在為那些住在地上的禱告和代求，並奉萬靈之主的名懇求。

40:7 第四個聲音抵擋對頭們[直譯：撒但們]，禁止牠們來到萬

---

[39] 啓示錄 5:11 我又看見且聽見，寶座與活物並長老的周圍有許多天使的聲音；他們的數目有千千萬萬

47

靈之主面前控告那些住在地上的。

40:8 之後我便問那與我同去，且指示我一切隱藏之事的平安天使：「我看見，聽見並記下他們話語的那四個存在物是誰呢？」

40:9 他對我說：「第一位是米迦勒，那憐憫又恆久忍耐的；第二位是拉斐爾，掌管人類後代所有的疾病和創傷；第三位是加百列，掌管一切能力；第四位是法內爾[Phanuel][40]，掌管那些承受永生之人的悔改和盼望。」

40:10 這些就是萬靈之主的四位天使，和那些日子我所聽見的四個聲音。

第四十一章

41:1 此後，我看見諸天一切的奧秘，知道那國是如何分裂[41]，以及世人的行動如何在天平上被秤度。[42]

---

[40] 摘錄 Ken Johnson *Ancient Book of Enoch* 第 52 頁附註 S：創 32:30 雅各便給那地方起名叫毘努伊勒(Penuel/Peniel，神之面)，意思說：「我面對面見了神，我的性命仍得保全。」

[41] 列王記上 12:18 羅波安王差遣掌管服苦之人的亞多蘭往以色列人那裡去，以色列人就用石頭打死他。羅波安王急忙上車，逃回耶路撒冷去了。19 這樣，以色列人背叛大衛家，直到今日。

[42] 但以理書 5:27 提客勒，就是你被稱在天平裡，顯出你的虧欠。

41:2 我在那裡看見選民和聖民的宅第[mansions]⁴³。我又看見所有罪人都從那裡被驅逐出去，那些棄絕[否認]萬靈之主之名的，都被拖出去：他們不能住在那裡，因爲從萬靈之主所發出的刑罰。

41:3-9 天文的奧秘

41:3 在那裡我的眼睛看見閃電、雷轟和眾風的奧秘，它們是如何被分派吹在地上，以及眾雲和露水的奧秘，在那地方，我又看見它們從何地出來，以及它們從何處浸透塵土飛揚的地球。

41:4 我在那裡看見使眾風分開的密閉庫房，冰雹和眾風之房、霧房和雲庫，以及從創世之初，就覆罩大地的那雲彩。

41:5 我看到了日和月的房室，它們從那裡繼續前進，並再抵達那裡，以及它們榮耀的返回，一個優於另一個，以及它們宏偉的軌道，以及它們如何不離其軌道，它們也沒有給其軌道增添任何東西，也沒有從其軌道拿走任何東西，並且彼此守信，照著它們被約束在一起的那誓言。[參見 69:15 & 20 第二個誓言]

41:6 首先太陽先出來，穿過他的路徑，是照萬靈之主的命令。祂的名大有能力、直到永永遠遠。

---

⁴³ 約翰福音 14:2 在我父的家裡有許多住處；若是沒有，我（主耶穌）就早已告訴你們了。我去原是爲你們預備地方去。

41:7 在那之後，我看到了月亮隱藏和可見的路徑，她晝夜都在那地方完成她的路徑--它們在萬靈之主面前相對而立。它們向神稱謝讚美，永不停歇;因爲這成了它們的感恩安息。

41:8 因爲太陽經常改變，或爲祝福，或爲咒詛。而在耶和華的名裡，月亮的軌跡，對義人是光，對罪人則是黑暗。祂分隔光暗，並分散世人的靈[複數]，又在祂公義的名裡，堅固[strengthen]義人的靈。

41:9 因爲沒有任何天使可以阻礙，也沒有任何權勢[power]能夠妨礙；因爲祂爲他們全體任命了一位審判官[44][或譯：祂看見他們所有的]，祂在祂[神]面前審判他們所有的。

第四十二章 智慧與不義的居所

42:1 智慧找不著她可居之處；然而在諸天裡有一居所，被指派給她。

42:2 智慧出去，爲要住在人的兒女中間，然而卻找不著住處，於是智慧返回她的地方，並坐在衆天使中。

42:3 不義也從她的衆房室出去；那些她不曾尋求的人，她發現了，就和他們同住，如同沙漠中的雨水和乾渴之地的露珠。

---

[44] 約翰福音 5:22 父（耶和華神）不審判甚麼人，乃將審判的事全交與子（耶穌基督），27 並且因爲祂是人子，就賜給祂行審判的權柄。

第四十三章

43:1 我看見其他的閃電和天上眾星，我看見祂各按其名稱呼它們[45]，它們就側耳傾聽祂。[參見 60:12]

43:2 我看見眾星如何按著它們光的大小，被放在公義的天平中秤度：[我看見] 它們間隔的寬度和出現的日子，以及它們的運行[周轉，revolution]是如何產生閃電的；以及[我看到]它們按著天使的數目運行[周轉]，以及它們[如何]彼此忠信。

43:3 我便問那與我同去又將隱秘事指示我的天使說：「這些是什麼？」

43:4 他對我說：「萬靈之主已向你顯示它們的譬喻，**這些是住在地上並永遠相信萬靈之主之名的聖民的名字。**」[46] [47]

第四十四章

44:1 關於閃電，我也看到了另一個現象：有些星星如何興起並變成閃電，且不能脫離[捨棄]它們的新形式。

---

[45] 詩篇 147:4 祂數點星宿的數目，一一稱它的名。

[46] 但以理書 12:3 智慧人必發光，如同天上的光；那使多人歸義的，必發光如星，直到永永遠遠。

[47] 哥林多前書 15:41 日有日的榮光，月有月的榮光，星有星的榮光；這星和那星的榮光也有分別。

45-57 章 預言二書 背道者的分；新天新地

第四十五章

45:1 這是第二個譬喻，關於那些否認眾聖者和萬靈之主的居所之名的人。

45:2 他們必不得升到天上，也不能來到地上；這是那否認萬靈之主之名的罪人的分，他們會這樣爲那受苦和患難的日子被存留。

45:3 當那日，<u>我那蒙揀選者</u>[彌賽亞，主耶穌基督，以下同]必<u>坐在榮耀的寶座上</u>，<u>審判他們的行爲</u>[試驗他們的工作][48]。他們的安息處必不可勝數，當他們看見我那蒙揀選者和那些呼求我榮耀聖名的人，他們的魂必在他們裡面變得剛強。

45:4 然後我必使我那蒙揀選者住在他們中間，我將更新變化[transform]天堂[49]，並使之成爲永遠的祝福和光。

45:5 我將更新變化[transform]地球，並使之成爲祝福：我要使我的選民們居住其上：但罪人和作惡之人必不得立足其上。

---

[48] 提摩太後書 4:1 我在神面前，並在<u>將來審判活人死人的基督耶穌</u>面前，憑著祂的顯現和祂的國度囑咐你：

[49] 賽 65:17 看哪！我造新天新地；從前的事不再被記念，也不再追想。

45:6 因爲我已經用平安供給並滿足我的義人[50]，使他們住在我面前；但對於罪人，必有審判臨近，以便我把他們從地面上除滅。

第四十六章 歲月之首[The Head of Days，亙古常在者，卽耶和華神]和人子[主耶穌基督]

46:1 我在那裡看見那歲月之首[卽亙古常在者][51]，祂的頭白如羊毛。與祂同在的另一位，有人的外貌，祂的臉滿了恩慈，好像聖天使中的一位。

46:2 我問那與我同去並向我展示這些隱藏事物的天使，關於那位人子[52]，祂是誰？以及祂來自何處？爲什麼祂和歲月之首在一起？

46:3 他回答並對我說：「祂是公義的人子[卽主耶穌基督][53]，並

---

[50] 約翰福音 14:27 我留下平安給你們；我將我的平安賜給你們。我所賜的，不像世人所賜的。你們心裡不要憂愁，也不要膽怯。

[51] 但以理書 7:9 我觀看，見有寶座設立，上頭坐著亙古常在者[the Ancient of Days]。祂的衣服潔白如雪，頭髮如純淨的羊毛。寶座乃火焰，其輪乃烈火。

[52] 但以理書 7:13 我在夜間的異象中觀看，見有一位像人子的，駕著天雲而來，被領到亙古常在者面前。

[53] 馬太福音 16:13 耶穌到了該撒利亞·腓立比的境內，就問門徒說：「人說我—人子是誰？」

且公義與祂同住。祂顯明一切隱藏的珍寶，因為萬靈之主已經揀選祂，因著祂的分在萬靈之主面前卓越超群，在公義中，直到永遠。

46:4 你所見的這位人子，祂必使君王和大能者離位，又要使強壯的離開他們的寶座，祂必要鬆開壯士的韁繩，打斷罪人的牙齒。

46:5 祂必把諸王從他們的王位和國拉下[驅逐]，因為他們不頌揚祂，也不讚美祂，也不謙卑地承認那國是從何處授予他們。

46:6 祂必貶低壯士的臉面，用羞恥充滿他們，黑暗必作他們的居所，蟲必作他們的床，充滿他們的安息之地。他們必無望從他們的床起來，因為他們不頌揚萬靈之主的名。

46:7 這些是論斷天上眾星，[並舉起他們的手抵擋至高者]，踐踏地土，又住在其上的人。他們一切的行為顯出不義，他們的能力在於他們的財富，他們信的是用他們的手所造的諸神，他們棄絕萬靈之主的名。

46:8 他們迫害祂會眾的家[殿，複數，Houses]，並迫害倚靠萬靈之主之名的人。

第四十七章 義人爲復仇禱告，以及當它來到時他們的喜悅

47:1　在那些日子裡，那義者[主耶穌][54]的禱告[55]和所流的血[56]，都必從地上升到萬靈之主面前。

47:2　在那些日子裡，住在諸天之上的聖者們，都必代表那義者所流的血，同聲合一，懇求、禱告、[讚美、感謝和稱頌萬靈之主的名]。使那義者的禱告在萬靈之主面前不會枉然，並爲他們施行審判，讓他們無須永遠受苦。」

47:3　在那些日子裡，我看見歲月之首，坐在祂榮耀的寶座上，有活人的冊子[複數]在祂面前展開；祂天上所有的萬軍和祂的策士們都站在祂面前。

---

[54] 約翰一書 2:1 我小子們哪，我將這些話寫給你們，是要叫你們不犯罪。若有人犯罪，在父那裡我們有一位中保，就是那義者耶穌基督。

[55] 路加福音 23:34 當下耶穌說:「父啊！赦免他們；因爲他們所做的，他們不曉得。」…。

[56] 希伯來書 9:11 但現在基督已經來到，作了將來美事的大祭司… 12 並且不用山羊和牛犢的血，乃用自己的血，只一次進入聖所，成了永遠贖罪的事。24 因爲基督並不是進了人手所造的聖所（這不過是眞聖所的影像），乃是進了天堂，如今爲我們顯在　神面前；

47:4 聖民的心充滿了喜悅；因為義人的數目已被獻上[滿了][57]，那義者的禱告已蒙垂聽，並且那義者的血在萬靈之主面前是必需的。

第四十八章 公義的泉源；人子--公義的抑制[Stay]；諸王與大能者的審判

48:1 在那裡我看見那源源不竭的公義泉源[58]：有眾多智慧泉水環繞著它。凡口渴的喝了它們，便被智慧充滿，他們的居所與義人，聖徒和選民們同在。

48:2 在那時刻，人子在萬靈之主面前被命名，祂的名在歲月之首面前。

48:3 的確，在太陽和眾記號[註：應指眾光體]被造之前[59]，在天上眾星被造之前，祂的名就在萬靈之主面前被命名了。

---

[57] 啓示錄 6: 9 揭開第五印的時候，我看見在祭壇底下，有為 神的道、並為作見證被殺之人的靈魂，10 大聲喊著說：「聖潔真實的主啊，祢不審判住在地上的人，給我們伸流血的冤，要等到幾時呢？」11 於是有白衣賜給他們各人；又有話對他們說，還要安息片時，等著一同作僕人的和他們的弟兄也像他們被殺，滿足了數目。

[58] 啓示錄 21:6 祂又對我說：「都成了！我是阿拉法，我是俄梅戛；我是初，我是終。我要將生命泉的水白白賜給那口渴的人喝。」

[59] 創世記 1:14 神說：「天上要有光體，可以分畫夜，作記號，定節令、日子、年歲，」

48:4 祂必作義人的杖，在他們身上支撐他們，使其不至跌倒。祂必作外邦人的光[60]，以及心中憂傷之人的盼望。

48:5 所有住在地上的都必在祂[主耶穌基督]面前俯伏並敬拜[61]，且要讚美、稱頌、歌頌萬靈之主。

48:6 也是因爲這個原因，在創世以先直到永遠[62]，祂[主耶穌基督]就已經被揀選，並在祂[耶和華神]面前被隱藏。

48:7 萬靈之主的智慧已把祂啓示給聖民和義人；因爲祂已保守義人的分，因爲他們已經恨惡並輕看這不義的世界，又奉主的名恨惡這世界一切的作爲和道路。因爲他們在祂的名裡[63]得救，這是按著祂關乎他們生命的美好喜悅。

48:8 在那些日子裡，地上諸王和佔據地土的壯士，他們的面容必變得垂頭喪氣，因爲他們雙手的作爲；因爲在他們痛苦

---

[60] 以賽亞書 42:6 我—耶和華憑公義召祢，必攙扶祢的手，保守祢，使祢作衆民的中保（中保：原文是約），作外邦人的光，

[61] 腓立比書 2:9 所以，神將祂升爲至高，又賜給祂那超乎萬名之上的名，10 叫一切在天上的、地上的，和地底下的，因耶穌的名無不屈膝，11 無不口稱「耶穌基督爲主」，使榮耀歸與父 神。

[62] 歌羅西書 1:17 祂在萬有之先；萬有也靠祂而立。

[63] 使徒行傳 4:12 除祂[耶穌]以外，別無拯救；因爲在天下人間，沒有賜下別的名，我們可以靠著得救。(「耶穌」意思是「耶和華拯救」，卽希伯來文的「耶書亞 Yeshua」，意思是「祂要拯救」。)

和急難的那日，他們必不能救他們自己。

48:9 我會把他們交在我選民的手裡。他們必在聖民面前，燃燒如火中的禾楷；就像鉛放在水中，他們會在義人的面前沉沒。他們必在義人面前，下沉如水中的鉛，了無痕跡。

48:10 並在他們磨難的那日，地必享安息。在祂面前，他們必跌倒，不得再起；必無人用手扶起他們；因爲他們已否認萬靈之主和祂的受膏者。萬靈之主是當受稱頌的！

第四十九章 那蒙揀選者[卽主耶穌基督]的能力與智慧

49:1 因爲智慧傾出如水，榮耀在祂面前永不止息。

49:2 因爲祂在公義的一切奧秘中大有能力，不義必如影消逝，不能持續；因爲那蒙揀選者站在萬靈之主面前，祂的榮耀存到永遠，祂的大能直到萬代。

49:3 智慧的靈、洞察力的靈、聰明的靈、能力的靈和那些沉睡在公義中者的靈住在祂裡面。

49:4 祂必審判奧秘事，必無人能在祂面前說謊；因爲祂是在萬靈之主面前，按其美好喜悅而蒙揀選的那一位。

第五十章

50:1　在那些日子裡，聖民和選民必發生一個變化[64]；每日[白晝]的光必住在他們身上，榮耀和尊榮都必歸向聖民，

50:2　當災難的日子，禍害必被積蓄以攻擊罪人，然而義人卻要奉萬靈之主的名得勝，那時，祂必使其他人見證[這事][即聖民和選民的復活和被提]，好使他們可以悔改，離棄他們手中的作為。

50:3　他們[罪人]無法藉著萬靈之主的名得到尊榮，但藉著祂的名，他們必得救，萬靈之主必憐恤他們，因為祂有極大的惻隱之心。

50:4　祂在祂的審判中是公義的，在祂的榮耀面前，不義必無法維護自己：在祂的審判中，凡不悔改的都必在祂面前滅亡。

50:5　「從那時起，我必不再憐憫他們。」萬靈之主如此說。

第五十一章 死人復活;義人與惡人被審判官分隔開來

51:1　在那些日子裡，地必將一切受託的盡都歸還，陰間[Sheol]必歸還它已收的，而地獄也須把它所欠的歸還[65]。因為在

---

[64] 哥林多前書 15:51 我如今把一件奧祕的事告訴你們：我們不是都要睡覺，乃是都要改變，52 就在一霎時，眨眼之間，號筒末次吹響的時候。因號筒要響，死人要復活成為不朽壞的，我們也要改變。

[65] 此發生在白色大寶座的審判時。啟示錄 20:13 於是海交出其中的死

那些日子，那蒙揀選者必起來。

51:2 祂必從他們當中選出義人和聖民：因爲他們得救的那日已臨近了。

51:3 當那些日子，那蒙揀選者必坐在祂的寶座上[66]，祂的口必源源不絕地說出一切智慧的奧秘和謀略，因爲萬靈之主已將[它們] 賜給祂，並已榮耀祂。

51:4 當那些日子，大山必踴躍如公羊，小山必跳舞，如因奶飽足的羊羔，天上所有天使的臉面必因歡樂而發光。

51:5 [或加：因爲當那些日子，那蒙揀選者已經復活了，]全地都必喜樂，義人必住在其上，選民必在其上行走。

第五十二章　　金屬山與那蒙揀選者

52:1 在那些日子以後，我在那裡看到了一切被隱藏的異象—因爲我被旋風帶著，他們帶我往西去—

52:2 我的眼見到天上所有必要發生的奧秘事，一座鐵山、一座銅山、一座銀山、一座金山、 一座軟金屬山和一座鉛山。

人；死亡和陰間也交出其中的死人；他們都照各人所行的受審判。

[66] 以賽亞書16:5 必有寶座因慈愛堅立；必有一位誠誠實實坐在其上，在大衛帳幕中施行審判，尋求公平，速行公義。

52:3 然後我問與我同行的天使:「我在暗中所見的這些東西是什麼?」

52:4 他對我說:「你所見到的這些東西,必爲祂受膏者的統治效力,使祂在地上強盛且有大能。」

52:5 那平安的天使回答我說:「再過片時,萬靈之主周圍的所有奧秘事,都必向你顯明。

52:6 你眼所見的這些山脈,鐵山、銅山、銀山、金山、軟金屬山和鉛山,這一切必在那蒙揀選者面前如火前的蠟,又如從上[從這些山脈]流下的水,它們必在祂腳前變得無力。

52:7 在那些日子裡,無人能靠金或銀得救,無人能夠逃脫。

52:8 那裡必沒有鐵被用於戰爭,也沒有一個人能穿上自己的胸甲,青銅必失效,錫將[無效且]不被重視、鉛也不再需要。

52:9 當那蒙揀選者在萬靈之主面前出現的時候,這一切都要從地面上被[棄絕和]消滅。」

53-54:6 審判的山谷;刑罰的天使們;那蒙揀選者的會

第五十三章

53:1 在那裡我親眼看見一個開著口[複數]的深谷。凡住在地上的、海裡的和島上的都必向它獻上禮物、貢物和祭物,卻填不滿那深谷。

53:2 他們的手犯了不法的事,罪人吞噬一切被他們不法欺壓的

人；罪人必在萬靈之主的面前被滅絕，他們必從地面上被逐出，他們必滅亡，直到永遠。

53:3 因為我看見所有刑罰的天使們住在[那裡]，在準備[刑罰]撒但的器具。

53:4 於是我問那與我同行的平安天使：「這些器具，是為了誰而預備呢？」

53:5 他對我說：「他們是為著地上諸王和大能者預備這些，使他們得以因此被毀滅。

53:6 在這之後，那公義和蒙揀選的那位必使祂會眾的殿顯現；從那時起，在萬靈之主的名裡，他們必不再受阻礙。

53:7 在祂的公義面前，這些山脈必不得站立如地，但小山[複數]必如水的泉源[單數]，義人必得享安息，不再受罪人欺壓。」

第五十四章

54:1 當我觀看並轉向地的另一部分，看見一個燒著火焰的深谷。

54:2 他們把諸王和大能者們帶來，並開始把他們扔進這深谷。

54:3 在那裡，我親眼看見天使如何製造他們的器具：重量無法衡量的鐵鍊。

54:4 我就問那與我同行的平安天使說：「這些鐵鍊是為誰預備的呢？」

54:5 他對我說:「這些正在被預備的,是為著阿撒瀉勒的軍隊,以便他們[刑罰天使們]可以捉住牠們,並把牠們丟進完全定罪[最低]的無底坑中[67],並且照著萬靈之主的吩咐,他們必以粗石覆蓋牠們的顎。

54:6 在那大日,米迦勒、加百列、拉斐爾和法內爾[Phanuel]必將牠們捉住,並在那日將牠們扔在燃燒的火爐裡,這樣萬靈之主就為牠們的不義報應牠們,因為牠們變得服從撒但,又叫住在地上的世人走迷。[參見 86:3]

54:7--55:2 諾亞年代的片段--關於第一次的世界審判

54:7 在那些日子裡,萬靈之主必定發出刑罰,祂必打開諸天之上一切衆水的府庫,和地底下所有的泉源府庫。

54:8 所有衆水必與衆水結合一起;諸天之上的水是陽性的[公的],地底下的水是陰性的[母的]。

54:9 它們必剪除所有住在地上的,並那些住在天的極處[複數]的。

54:10 當他們認識到他們的不義--就是他們已行在地上的,他們就因這一切而滅亡。

---

[67] 啓示錄 20:1 我又看見一位天使從天降下,手裡拿著無底坑的鑰匙和一條大錬子。2 他捉住那龍,就是古蛇,又叫魔鬼,也叫撒但,把牠捆綁一千年,3 扔在無底坑裡,將無底坑關閉,用印封上,使牠不得再迷惑列國。等到那一千年完了,以後必須暫時釋放牠。

第五十五章

55:1 然後，歲月之首就後悔，並說：「我徒然毀滅了所有住在
地上的。」

55:2 祂就用祂偉大的名起誓：「從今以後，我不會再對那一切
住在地上的如此行，並且我將會在天堂立一個記號[68]：這
是我和他們之間美好信實的誓約，直到永遠，如天高乎地
一般。這是根據我的命令。」

55:3--56:4 阿薩瀉勒的最終判決；守望者們和他們的後代

55:3 「當我因此事在急難和痛苦的日子，藉天使之手抓住他們
時，我必使我的懲罰和我的忿怒停留在他們身上。」神，
萬靈之主如此說。

55:4 「你們這在地上大能的諸王，必要看見我那蒙揀選者如何
坐在榮耀的寶座上，奉萬靈之主的名對阿撒瀉勒並牠所有
的同黨和軍隊施行審判。」

第五十六章

56:1 我見那裡有刑罰的天使眾軍前去，他們拿著鐵和銅的鞭子

---

[68] 創世記 9:11 我與你們立約，凡有血肉的，不再被洪水滅絕，也不
再有洪水毀壞地了。」12 神說：「我與你們並你們這裡的各樣活物
所立的永約是有記號的。13 我把虹放在雲彩中，這就可作我與地
立約的記號了。」

和鐐銬。

56:2 我問那與我同行的平安天使:「那些拿著鞭子的到誰那兒去?」

56:3 他對我說:「到他們[墮落的神兒子們]各自所選的和所愛的那裡去,使他們被扔進那山谷無底坑的裂口。

56:4 到那時,他們所選的和所愛的必填滿那谷,他們的生命必到盡頭,從那時起他們使人走迷的日子也不再被數算。」

56:5-8 歌革和瑪各的攻擊

56:5 在那些日子裡,天使們必歸回,並撲向東方,就是帕提亞人和瑪代人那裡:他們必煽動諸王,使不安的靈臨到他們,牠們必使他們從其王座上起來,那時他們必如獅子從巢穴中出來,又如餓狼進到羊群中間。

56:6 他們必上去踐踏祂選民的地,[祂選民的地在他們面前,必如同打穀場和大路。]

56:7 然而我義人的城[耶路撒冷][69]必攔阻他們的馬匹,他們中間必開始彼此爭鬥,他們的右手必堅決反對他們自己。必無人認他的兄弟,兒子也不認他的父親或母親,直至他們

---

[69] 以賽亞書 1:26 我也必復還你的審判官,像起初一樣,復還你的謀士,像起先一般。然後,你(耶路撒冷)必稱為公義之城,忠信之邑。

殺戮出無數的屍體[70]，他們的刑罰必不落空。

56:8 當那些日子，陰間必大張其口，他們必被吞沒在其中。他們的毀滅必將結束；陰間必在選民面前吞噬罪人。

第五十七章

57:1 在這之後，我看見另一馬車軍隊，有人騎在上面，乘著眾風從東而來，並從西往南。

57:2 戰車發出吵雜的聲音，當這喧嚷發生的時候，那時眾聖者從天上看見它，地的柱子[複數]被搖離本位，因此那聲音從天的一處盡頭傳到其他盡頭，在一日之內。

57:3 他們必屈膝並敬拜萬靈之主。這是第二個譬喻的結局。

---

[70] 以西結書 38:21 主耶和華說：「我必命我的諸山發刀劍來攻擊歌革；人都要用刀劍殺害弟兄。

58-71 章 預言三書 挪亞書片段；兩巨獸；以諾被提

第五十八章 聖徒的祝福

58:1 我開始講論第三個譬喻，是關乎義人和選民的。

58:2 你們這公義和蒙揀選的人有福了，因爲榮耀必是你們的分。

58:3 義人必在太陽的光中，選民必在永生的光中：他們生命的年日沒有窮盡，聖民們的年日不可勝數。

58:4 他們必尋求光，並在萬靈之主那裡發現公義。奉永恆之主的名，平安必歸於義人。

58:5 在此之後，有話傳給天上的聖民，他們應當尋找公義的奧秘[複數]，就是信心的繼承權[the heritage of faith]；因爲它已變得明亮，如太陽臨到地上，黑暗已經過去。

58:6 必有一道光永不止息，然而在限定的日子前，它們卻不會來到[或譯：日子無止盡]，因爲黑暗必先被毀滅。[這光必在萬靈之主面前堅立]，正直人的光必在萬靈之主面前永遠堅立。

第五十九章 光和雷聲

59:1 [在那些日子裡，我親眼見到衆閃電和衆光的奧秘[複數]，以及它們所執行的審判[直譯：它們的審判]：它們照著萬靈之主的意願，爲著祝福或咒詛發光。

59:2 在那裡我看到那雷的奧秘[複數]，當它在天堂在上頭發出響聲，它的聲音就被聽見，他使我看到在地上被執行的審判，雷聲照著萬靈之主的話，或爲平安和祝福，或爲咒詛。

59:3 在那之後，所有光和閃電的奧秘[複數]都被展示給我看，它們發光是爲了祝福和滿足。

第六十章 挪亞書片段；天堂的震盪；巴哈摩斯[Behemoth]和利威亞探[Leviathan]；衆元素[The Elements]

60:1 在以諾生命的第五百年的七月十四日，在那譬喻中，我看到一大能的震盪搖動諸天中的天堂，又見至高者的萬軍和天使們，有千千萬萬，都被一巨大的不安煩擾。

60:2 歲月之首坐在祂榮耀寶座上，有衆天使和義人在祂的周圍站立。

60:3 有一極大的戰兢抓住了我，並且懼怕佔據了我，我彎下腰，全身消融，我便面伏於地。

60:4 米迦勒從聖者們中差了另一位天使來，他將我扶起。及至他將我扶起時，我的靈才回復過來；因爲我無法承受這萬軍的場面，以及諸天的騷動和震盪。

60:5 米迦勒對我說：「爲什麼你因這樣的一個異象而不安？祂憐憫的日子持續直到今日；祂已經憐憫又恒久忍耐那些住在地上的。

60:6 當那日、那能力、那刑罰和那審判臨到，就是萬靈之主爲

那些膜拜不義律法,那些否認公義審判和那些濫用祂名之人所預備的--那日子已經預備好了,對選民是一個約,對罪人卻是一個嚴厲的刑罰。」

60:7 當那日,兩個大獸要彼此分開,母獸的名字叫<u>利威亞探</u>[Leviathan][或譯:鱷魚][71] [72],它住在海的深處,居在眾水泉源之上。

60:8 公獸的名字叫<u>巴哈摩斯</u>[Behemoth][或譯:河馬][73],牠以其胸甲佔據了一個名為「但達音」[Duidain]的荒廢曠野,那地在選民和義人所住園子的東邊,我祖[以諾]曾在那裡被提,他是萬靈之主所造的第一個人亞當的七世孫。

60:9 我懇求另一位天使,讓他向我展示那些巨獸的威力,並告訴我牠們是如何在某一天被分開,一個被扔進海的深淵,和另一個被扔進曠野的乾旱之地。

60:10 他對我說:「人子啊,由此看來,你真是尋求要明白隱藏的事。」

60:11 另一位與我同去並向我展示隱藏之事的天使告訴我,在天堂的高處,在地下的深處,以及在天堂的極處,在天堂的根基,那首先和末後的是什麼。

---

[71] 約伯記 41:34 凡高大的,牠無不藐視;牠在驕傲的水族上作王。

[72] 詩篇 74:14 祢曾砸碎鱷魚的頭,把牠給曠野的禽獸(禽獸:原文是民)為食物。

[73] 約伯記 40:19 牠在神所造的物中為首;創造牠的給牠刀劍。

60:12 以及眾風的內室[複數]，眾風是如何被分開的，它們是如何被稱量的，眾風的門戶是[如何] 按各風的能力被計算的，以及月的眾光之能力，如何按著適度的能力[怎樣發出適量的光]，以及眾星各按其名的分佈，以及這一切的分佈是如何被分開的。[參見 43:1]

60:13 眾雷按著地方落下，以及在眾閃電中所作的所有區隔，好使其可以照亮，並按著它們能即刻聽從的軍隊。

60:14 因為雷在等候其響聲時，有指定給它的安息處；雷和閃電是密不可分的，儘管它們是不同的且可以被分開，但兩者都藉著那靈[或譯：那風，以下同]調和相配，並不分離。

60:15 因為當閃電發出的時候，雷也發聲，那靈會在其雷聲中執行暫停，並在它們之間平均分配；因為它們響聲的府庫如同那沙，當其發聲時，各雷都被一韁繩拉住，並藉那靈的能力轉回，並按著地上的許多地域[方向]被往前推進。

60:16 海的靈是陽性，而且強壯，這靈照著其力量的大能，用繩使海浪回轉，又以同樣的方式驅其向前，使其分散在地上的眾山中間。

60:17 白霜的靈是它自己的天使；冰雹的靈是位良善的天使。

60:18 雪的靈因其力量的緣故，已棄絕了其室[複數]--其中有一特別的靈，像煙一樣從它昇起，它的名是霜[frost，嚴寒]。

60:19 霧的靈在其室[複數]中並不與它們合一，但它有一個特別室；因爲它的運行軌道在光和黑暗中都是榮耀的，在冬天和夏天也如是，在其室中的是一位天使。

60:20 露的靈住在天堂的極處[複數]，與雨的室[複數]相連。它的運行軌道是在冬天和夏天：它的雲彩[複數][或譯：由它造出的雲彩]與霧的雲彩連結，一個供給另一個。

60:21 當雨的靈從其室出來，衆天使就來把那室打開，領它出來，當它被佈滿全地時，就與地上的水聯合。無論何時它與地上的水聯合…。

60:22 因爲衆水乃是爲著那些住在地上的；因爲它們出自天上至高者，[是爲著地]的養分：因此爲著雨有一度量，並由天使們負責。

60:23 我看到的這一切都有助於義人的園子。

60:24 那與我同在的平安天使對我說：「這兩隻巨獸，是照著神的偉大所預備的，要餵養；[或加：照神的大能，此二獸必將兒女們與其母一同殺戮，必將兒女們與其父一同殺戮。]

60:25 當萬靈之主的懲罰降臨在他們身上時，它[指懲罰]必臨到，以便萬靈之主的懲罰不會徒然來到。之後，審判將照著祂的憐憫和耐心發生。[74]

---

[74] 羅馬書 2:4 還是你藐視祂豐富的恩慈、寬容、忍耐，不曉得祂的恩慈是領你悔改呢？

第六十一章 天使們出去度量樂園；對義人的審判；對那蒙揀選者和神的讚美

61:1 那些日子裡，我看到那些交給天使的繩索有多長，他們把繩索帶到自己的翅膀上，並飛向北方。

61:2 我問那天使，對他說：「他們[天使們]為何帶著這些繩索出去呢？」他回答我說：「他們要去度量。」

61:3 那與我同行的天使對我說：「這些會把義人的度量和義人的繩索帶給義人，使他們可以留在萬靈之主的名裡，直到永遠。」

61:4 選民必開始與選民同住[75]，那些是給予信心之人的度量，必堅固義人。

61:5 這些度量必啟示地之深處的一切奧秘，以及那些被沙漠毀滅的，被野獸和海中的魚所吞噬的。他們會在那蒙揀選者的日子返回並存留；無一會在萬靈之主面前被毀滅，也無一能被毀滅。[76]

---

[75] 帖撒羅尼迦前書 4:16 因為主必親自從天降臨，有呼叫的聲音和天使長的聲音，又有 神的號吹響；那在基督裡死了的人必先復活。17 以後我們這活著還存留的人必和他們一同被提到雲裡，在空中與主相遇。這樣，我們就要和主永遠同在。

[76] 約翰福音 6:39 差我來者的意思就是：祂所賜給我（主耶穌基督）的，叫我一個也不失落，在末日卻叫他復活。

61:6 所有住在天上的都領受了一個命令和能力、一個聲音和如火焰般的光。

61:7 他們[用]他們的第一句話稱頌那一位,用智慧頌揚並稱讚,他們的話語和生命的靈都是明智的。

61:8 萬靈之主使那蒙揀選者坐在榮耀的寶座上,祂必審判天上聖民們一切的工作,他們的行爲必在天平中被秤量。

61:9 當祂仰臉,照著萬靈之主之名的話審判他們的隱秘行爲,並照著萬靈之主的公義判語,審判他們的行徑時,他們都必同聲說話、稱頌、榮耀、頌揚和尊榮萬靈之主的名。

61:10 祂必召集諸天的所有軍隊和一切在上的眾聖者,並神的萬軍、基路伯、撒拉弗、奧法尼[Ophannim][77],以及一切大能的天使、掌權的天使、那蒙揀選者,並地上[和]掌管那水的其他大能者。

61:11 在那日必在信心的靈、智慧的靈、忍耐的靈、憐憫的靈、審判的靈、平安的靈和良善的靈中,同聲稱頌、榮耀和尊崇。他們必同聲說:「祂是應當稱頌的,願萬靈之主的名被稱頌,直到永永遠遠。」

---

[77] 以西結書 1:15 我正觀看活物[基路伯]的時候,見活物的臉旁各有一輪在地上。16 輪[複數,Ophannim,奧法尼]的形狀和作法好像水蒼玉。四輪都是一個樣式,形狀和作法好像輪中套輪。

61:12 那些在天上從不打盹的必都稱頌祂，所有在天堂的聖者們也都稱頌祂，凡住在生命園裡的一切選民：以及凡能稱頌、榮耀、尊崇，並[永永遠遠]尊稱的名爲聖的光之靈，凡有血氣的必極度榮耀並稱頌祢的名，直到永永遠遠。

61:13 因爲萬靈之主大有憐憫，祂又長久忍耐，祂已在萬靈之主的名裡，將祂的一切作爲和祂所造的一切，向義人和選民顯明。

第六十二章 諸王和勇士的審判；義人的祝福

62:1 因此主命令諸王、大能的、自高的和那些住在地上的人說：「如果你們能夠認出那蒙揀選者，就睜開你們的眼睛並舉起你們的角。」

62:2 萬靈之主使那蒙揀選者坐在祂榮耀的寶座上，公義的靈被傾倒在祂身上，祂口中的話殺戮一切罪人[78]，所有不義的人從祂面前被銷毀。[79]

62:3 並且在那日，諸王、大能的、自高的和那些佔據地球的都必起立，他們必看見並認出祂如何坐在祂榮耀的寶座上，並且公義在祂面前受審，在祂面前無人可以撒謊。

---

[78] 以賽亞書 11:4 卻要以公義審判貧窮人，以正直判斷世上的謙卑人，以口中的杖擊打世界，以嘴裡的氣殺戮惡人。

[79] 啓示錄 19:21 其餘的被騎白馬者（主耶穌基督）口中出來的劍殺了；飛鳥都吃飽了他們的肉。

以諾書

62:4 然後疼痛必臨到他們，猶如婦人在分娩時，[當她要生時，會有疼痛]，當她孩子進入子宮口，在臨盆時，她會疼痛。

62:5 他們其中一部份必觀看其他人，當他們看見人子坐在祂榮耀的寶座上，就必驚惶，滿面愁容，痛苦必將他們抓住。

62:6 諸王、大能的和那些佔據地球的必稱頌、榮耀並尊崇那統管萬有者；祂是被隱藏的。

62:7 人子從起初就被隱藏，至高者將祂保全在祂大能的同在中，並將祂啓示給選民。

62:8 選民和聖民的集會必被栽種[或譯：散播]，在那日，所有選民都必站立在祂面前。

62:9 所有諸王、大能的、自高的和那些統治地球的，必面伏於地在祂面前，敬拜並將他們的盼望放在那人子身上，向祂祈求又懇求祂手的憐憫。

62:10 儘管如此，萬靈之主必壓碎他們，他們必急速地從祂的面前離開，他們的臉上必滿了羞恥，他們臉上的黑暗必變得更深。

62:11 祂必把他們交給刑罰的天使們，要對其執行復仇，因爲他們壓制祂的兒女們和祂的選民。

62:12 他們對義人和祂的選民必成爲一展覽物[或譯：悲慘景況]：他們[義人和選民]必因他們歡喜，因爲萬靈之主的忿怒落在他們身上，祂的劍喝醉了他們的血。

62:13 義人和選民在那日必得救，而且從那時起，他們必不再看見罪人和不義之人的面。

62:14 萬靈之主將會居住在他們之上[或譯：與他們同住]，他們必與人子一同坐席、躺臥和起來，直到永遠。

62:15 義人和選民必從地上興起，再不用垂頭喪氣了。他們必被披上榮耀的袍子。

62:16 這些必是從萬靈之主而來的生命袍：你們的衣袍必不變舊，在萬靈之主面前，你們的榮耀也必不消逝。

第六十三章 諸王和大能者們的悔改

63:1 在那些日子裡，占據地球的大能者們和諸王必懇求[祂]允許，使他們從被交付懲罰的天使那裡得到一點緩刑，以便他們可以在萬靈之主面前仆倒並敬拜，在祂面前承認他們的罪。

63:2 他們必稱頌並榮耀萬靈之主說：「萬靈之主、萬王之主、大能的主、豐富之主、榮耀之主和智慧之主，是應當稱頌的！

63:3 祢的能力在每一奧秘事中，世世代代都是輝煌燦爛的，祢的榮耀從永遠到永遠：祢所有的奧秘都是深奧且不可數的，祢的公義是無法估量的。

63:4 我們現在已經知道我們應該榮耀並稱頌萬王之主[80]，祂是萬王之王。[81] [82]」

63:5 他們必說：「我們應該要安息在祂的榮耀面前，榮耀、感謝並承認我們的信仰！

63:6 而現在我們渴望一點安息，卻無法找到：我們努力跟隨，卻不能得到[它]：光已從我們面前消失，黑暗是我們的居所，直到永遠。

63:7 因為我們在祂面前不信，也不榮耀萬靈之主的名，[也不榮耀我們的主]。我們的盼望卻是在我們國的權杖和我們的榮耀中。

63:8 在我們痛苦和磨難的日子，祂不拯救我們，我們沒有緩刑[喘息]的機會認罪，我們的主，在祂一切的工作和公平中是真實的，祂的審判並不徇人的情面。

63:9 我們因我們所行的，就從祂面前消逝，我們所有的罪惡在

---

[80] 提摩太前書 6:15 到了日期，那可稱頌、獨有權能的萬王之王、萬主之主，16 就是那獨一不死、住在人不能靠近的光裡，是人未曾看見、也是不能看見的，要將祂（主耶穌基督）顯明出來。但願尊貴和永遠的權能都歸給祂。阿們！

[81] 約翰福音 10:30 我（主耶穌基督）與父（耶和華神）原為一。

[82] 啓示錄 17:14 他們與羔羊（主耶穌基督）爭戰，羔羊必勝過他們，因為羔羊是萬主之主、萬王之王。同著羔羊的，就是蒙召、被選、有忠心的，也必得勝。

公義中被計算。」

63:10 現在他們必對自己說：「我們的魂滿了不義的獲利，但它並不能使我們免於從這中間墜落到陰間[Sheol]的擔子裡。」

63:11 之後，他們的臉上必充滿黑暗，在人子面前感到羞愧，他們必從祂面前被驅逐，那刀必常在祂面前，在他們中間。

63:12 因此萬靈之主說：「這是在萬靈之主面前，關於大能者，諸王和自高者以及占據地球之人的法令和審判。」

第六十四章 墮落天使們在懲罰之處的異象

64:1 我看到其他形體[forms]隱藏在那裡。

64:2 我聽到那天使的聲音，說道：「這些是那些降到地上，把隱藏之事向人的兒女們揭示，並引誘他們犯罪的天使們。」

第六十五章 以諾向諾亞預言了那欺騙和他自己的保護

65:1 當那些日子，挪亞見全地沉落，它的毀滅臨近了。

65:2 他從那裡起身出去，到達地極那裡，向他祖以諾大聲哭喊：挪亞用痛苦的聲音，接連三次說：「請聽我，請聽我，請聽我！」

65:3 我[諾亞]對他說：「求你告訴我，地上正進行的是何事，以

致全地處於如此邪惡的處境中並被震動,免得我或將同它一起滅亡?」

65:4 忽然地大震動,有聲音從天而降,我便面伏於地。

65:5 我祖以諾前來,站在我身旁,對我說:「你爲何向我如此憂傷痛哭呢?

65:6 主已發出一個命令,論到住在地上的人,說,他們必滅亡,因爲他們知道天使的一切奧秘,撒但的一切強暴,和他們的一切能力,就是最隱密的能力,並行邪術[sorceries]之人的一切能力,和行巫術[witchcraft]之人的一切能力,並爲全地鑄造偶像之人的一切能力。

65:7 他們又學會如何從塵土裡產銀,如何在地上造錫[或譯:軟金屬]。

65:8 因爲鉛錫與銀不同,不是從土裡出來:乃是有一泉源產出它們,有位天使站在那裡,那位天使極其卓越。」

65:9 之後,我祖以諾抓住我的手使我起身,並對我說:「去吧,因爲我已求問過萬靈之主關於地大震動的事。」

65:10 祂曾對我說:「因爲他們的不義,他們的審判已定,永遠不會被我扣住。因爲他們所發現和學習的邪術,地和住在其上的必被毀滅。」

65:11 論到這些,他們必永無悔改的餘地,因爲他們已經向他們揭示了隱秘之事,他們是該死的[該受罰的]:但是至於你,我兒,萬靈之主知道你是清潔的,在這些隱秘事的

譴責上是無罪的。

65:12 祂已命定你的名在聖民當中，並會在那些住在地上的人中保護你，祂已命定你的公義後裔王的位分和極大的尊榮，從你的後裔中[83]必流出一公義和聖潔的泉源，不可勝數，直到永遠。」

第六十六章　衆水的天使們被命令使它們受到控制

66:1 在那之後，他給我看刑罰的天使們，已經預備好要來，且要釋放地下大水的勢力，好把審判和毀滅帶給那些[停留並]住在地上的。

66:2 「萬靈之主命令前往的天使們，他們不應引起衆水上升，而應使其受到控制；因爲那些天使掌管著衆水的力量。」

66:3 於是我便從以諾面前離開了。

第六十七章　神對諾亞的應許：墮落天使和諸王的懲罰處

67:1 在那些日子裡，神的話臨到我說：「挪亞，你的分已升到我面前，是無可指摘的分，是愛和正直的分。

67:2 天使們現在正在造一個木質建物[84]，當他們完成那工作的時候，我會將我的手放在其上並保存它，生命的種子將從

---

83 根據創世記和路加福音，彌賽亞來自以諾的後裔。

84 可能神派了天使們幫助諾亞造方舟。創世記 6:13 神就對挪亞說：

它出來，並且將開始一個改變，以至於地上將不再無人居住。[參見 89:1]

67:3 我要使你的後裔在我面前堅立，直到永永遠遠。我也要使與你同住的人四散開來。這後裔在地上必不會不結果子，卻要奉耶和華的名，在地上得福並繁增。」

67:4 祂必把那些行不義的天使，囚禁在我祖以諾先前向我展示的那燃燒的山谷裏，就是在西方的金、銀、鐵、軟金屬、錫的山中。

67:5 我看見那山谷，那裡有大震動，眾水也有大震動。

67:6 從烈火銷熔和攪動大水的震動中，有硫磺味發出，與水混雜。那些叫人走迷的天使的山谷在那地之下燃燒著。

67:7 有火河（複數）經山谷湧流而出，那些使住在地上的人走迷的天使們必在那裡受責罰。

67:8 但在那些日子，這些水要為君王、大能的、居高位的，並住在地上的，用以醫治身體，卻要懲罰靈；因為他們的靈充滿了慾望，他們會受到身體上的懲罰，因為他們否認了萬靈之主，每天都看到他們的懲罰，卻不相信祂的名。

67:9 隨著他們身體的燃燒益發嚴重，他們的靈將發生相應的變

「凡有血氣的人，他的盡頭已經來到我面前；因為地上滿了他們的強暴，我要把他們和地一併毀滅。14 你要用歌斐木造一隻方舟，分一間一間地造，裡外抹上松香。

化，直到永遠;因爲無人能在萬靈之主面前說閒話。

67:10 審判必要臨到他們，因爲他們信奉身體[肉體]的私慾，且否認神的靈。

67:11 在那些日子裏，這些相同的水也會發生變化；因爲當那些天使在這些水中受到懲罰時，這些水泉將改變它們的溫度；當天使上升時，這些泉水將改變並變冷。

67:12 我聽到米迦勒說：「這向天使們施行的審判，是要向佔據全地的君王和大能者作見證。

67:13 這些審判的大水是爲醫治君王的身體[或譯：藉著毀滅他們的身體而醫治地]，治死他們身體的貪慾。然而他們看不見也不相信，這水要變化，且要成爲永遠燒著的火。」

第六十八章

68:1 在那之後，我祖以諾將書上所傳給他的一切奧秘，都用譬喻的話教訓我，又照譬喻書上的話，爲我拼湊起來。

68:2 那日，米迦勒回答拉斐爾說：「[聖]靈的能力使我顫抖，因爲對奧秘事的審判，對天使們的審判是嚴厲的：誰能忍受那已經執行的嚴厲審判？在那審判面前，他們被銷熔了。」

68:3 米迦勒回答拉斐爾，對他說：「誰的心不因此發軟，誰的意念[情感]不因這臨到他們的審判之話而困擾呢？」

68:4 此後，當米迦勒在萬靈之主面前站立的時候，他對拉斐爾

如此說：「在神的眼前，他們的分與我無關。萬靈之主向他們發怒，因爲他們行事好像把自己當成主一樣。

68:5 因此這隱藏的審判必定臨到他們，直到永遠。必無別的天使或世人領受他們的分，然而他們卻要獨自承受這審判，直到永遠。」

第六十九章 [參見六至八章]

69:1 在此審判之後，他們必驚嚇，並使他們戰兢，因他們曾把隱秘的事顯給那些住在地上的。

69:2 看哪，這些是那些天使的名字：他們中間的第一個是撒母亞撒，第二是阿塔克法[Artaqifa]，第三是阿爾們[Armen]，第四是高卡巴爾，第五是圖瑞爾[Turael]，第六是雷米爾[Rumial]，第七是但尼阿[Danial]，第八是紐克爾[Neqael]，第九是巴拉克爾，第十是阿撒瀉勒[Azael]，第十一是阿瑪羅斯，第十二是巴特瑞阿[Batarial]，第十三是巴撒瑟阿[Busaseial]，第十四是哈納爾[Hananel]，第十五是圖瑞爾[Turael]，第十六是撒母佩斯爾[Simapesiel]，第十七是耶特瑞爾[Jetrel/Yetrel]，第十八是圖米爾[Tumael]，第十九是土爾，第二十是汝米爾[Rumael]，第二十一是阿撒瀉勒[Azazel]。

69:3 下面是那些天使中的領袖、百夫長、五十夫長和十夫長的名字。

69:4 第一個名叫耶昆[Jeqon/Yeqon]，他是帶領神衆子走迷的，他曾把他們帶到地上，並藉人的女兒們使他們走迷。

69:5 第二個名叫阿斯比爾[Asbeel]，他曾向神聖潔衆子傳授惡謀，使他們走迷，叫他們因人的女兒們污穢自己的身體。

69:6 第三個名叫迦德瑞爾[Gadreel]，他曾向人的兒女們顯明一切死亡攻擊。他曾使夏娃走迷[85]，又教導人的兒子們製作死亡兵器，盾牌盔甲，殺戮的刀劍，並一切致死的器械。

69:7 從他手中出來的兵器攻擊地上的人，從那時直到永遠。

69:8 第四個名叫派納姆[Penemue]，他曾向世人的子孫顯明苦與甜的事，又顯明他們智慧的一切奧秘。

69:9 他曾教人使用紙墨書寫，令許多人因此走迷，從古時直到今日。

69:10 因爲人的受造並非如此，他們毋須用筆墨來確認他們的好信用[信實]。

69:11 因爲人的受造與天使無異，他們本是公義純淨，並當遠離那毀滅一切的死亡。然而他們卻因這些知識而消滅，因這些能力而死亡[或譯：並且它[死亡]藉此能毀滅一切的能力正在消融我]。

69:12 第五個名叫卡斯得亞[Kasdeia]，他向人的兒女們展示了

---

[85] 可能是指亞當和夏娃離開伊甸園後所發生的事。不然，此天使應該早已受到審判，不會有機會參與之後的降到黑門山事件。

諸靈和鬼魔的所有邪惡重擊，以及對子宮中胚胎的重擊，使其可能死去[即墮胎]，以及[對魂的重擊]那蛇的咬傷[複數]，以及在正午炎熱之時降臨的重擊，那蛇的兒子名叫塔巴艾特[Tabaaet]。

69:13 這是卡斯比爾[Kasbeel]的任務，他是那誓言的主管，當他還在榮耀中住在高處時，曾向聖者們展示了那誓言，它[即第一個誓言]的名字叫貝卡[Biqa]。

69:14 這位（天使）曾要求米迦勒把那隱藏的名字給他看，讓他在那誓言中把它清晰地宣告出來，這樣，他們那些將一切隱秘事顯明給人的兒女們的，都必在那名字和那誓言面前戰兢。

69:15 這就是那誓言的力量，因爲它是強大的，他把這誓言阿卡艾[Akae][即第二個誓言]交給了米迦勒。[參見 41:5]

69:16 這些就是這誓言的奧秘[複數]…。並且他們藉著祂的誓言就剛強有力；天堂在創世之前就懸在空中，直到永遠。[或譯：這些就是這誓言的奧秘，它剛強他們，並且在創世前它就懸浮在天堂，直到永遠。]

69:17 藉著它[這誓言]，地被立在大水之上[86]，衆山的隱秘深處流出佳美泉源，從創世直到永遠。

69:18 藉那誓言，[那]海被造，神立[那]沙爲它的根基，抵擋[海]發怒的時候[或譯：爲著憤怒之時]，並且它[海]不敢越過

---

[86] 詩篇 136:6 稱謝那鋪地在水以上的，因祂的慈愛永遠長存。

它[87]，從創世直到永遠。

69:19 藉那誓言，深淵穩固，它們停留且不移動離開本位，從永遠到永遠。

69:20 藉那誓言，太陽和月亮完成其運行軌道，不偏離其命令，從永遠到永遠。[參見 41:5]

69:21 藉那誓言，衆星完成其運行軌道，祂各按其名稱呼它們，它們就回答祂，從永遠到永遠。

69:22 藉那誓言，衆水之靈、衆風之靈、衆微風之靈，以及[它們] 四方所行的路，都是如此。[或譯：衆水、衆風、衆微風、衆西風的流動，並且它們的流動都合一]

69:23 雷的衆聲音和衆閃電的光都被保存了。冰雹的房室、白霜的房室、薄霧的房室、雨露的房室也都被保存了。[88]

69:24 並且所有這些都相信，並在萬靈之主面前獻上感謝，又極力歌唱讚美[祂]。它們的食物，就在每一感恩的行為中：它們稱謝、榮耀並尊崇萬靈之主的名，直到永永遠遠。

69:25 這誓言大能的掌管它們，並且藉著它，它們就蒙保守，它們的衆路也蒙保守，它們的運行軌道就不被毀壞。

---

[87] 耶利米書 5:22 耶和華說：你們怎麼不懼怕我呢？我以永遠的定例，用沙為海的界限，水不得越過。…

[88] 約伯記 38:22 你曾進入雪庫，或見過雹倉嗎？

第三譬喻結束

69:26 有大喜樂在他們中間，他們都稱頌、榮耀並尊崇，因為那人子的名[耶穌]已經啟示給他們。

69:27 並且祂坐在祂榮耀的寶座上，並且審判全數被交給那人子，祂必使罪人從地面上滅亡，以及那些使世人走迷的。

69:28 他們都要被鎖鏈綑綁，他們必被囚禁在他們的毀滅聚集地，而他們一切的作為都必從地上除滅。

69:29 從那時起，不會再有能朽壞的事物。因為那人子已顯現，並已使自己坐在祂榮耀的寶座上，一切的邪惡都必從祂面前消失。那人子的言語必在萬靈之主的面前發出並剛強有力。

這就是以諾的第三個預言。

第七十章 以諾被提

70:1 在這之後，在他一生中，他的名從那些住在地上的人中，被高舉到那人子和萬靈之主面前。

70:2 他被高舉到[聖]靈的戰車，他的名就從他們中間消失不見

[被除去]⁸⁹ ⁹⁰。

70:3 從那日起，我便不再算在他們中間。祂把我安置在兩風之間，在北方和西方之間，那裡有眾天使拿著繩索，把選民和義人之處量給我。

70:4 我在那裡看見起初的眾先祖，也看見自創世之初就在那裡居住的義人。

第七十一章

71:1 在這之後，我的靈被轉移，並且它升入諸天。我看見神的神聖兒子們，他們腳踏火焰，他們的衣袍是白色的，他們的臉像雪一樣閃閃發光。

71:2 我看見兩道火河流，那火焰的光像紅鋯石一樣閃耀發光，我俯伏在萬靈之主面前。

71:3 天使長米迦勒[眾天使長中的一位]，拉住我的右手將我扶起，帶我前去進入一切憐憫和公平的奧秘。

---

89 創世記 5:21 以諾活到六十五歲，生了瑪土撒拉。22 以諾生瑪土撒拉之後，與神同行三百年，並且生兒養女。23 以諾共活了三百六十五歲。24 以諾與神同行，神將他取去，他就不在世了。

90 希伯來書 11:5 以諾因著信，被接去，不至於見死，人也找不著他，因為　神已經把他接去了；只是他被接去以先，已經得了　神喜悅他的明證。

71:4 他向我顯明所有天的眾極處之奧秘，所有眾星之房室和眾光體，從眾聖者面前所出發之處，都指給我看。

71:5 他把我的靈轉移[translated]到諸天的天堂，我看到那裡好像有一座用水晶造的建築物，在那些水晶之間有活火舌[複數]。

71:6 我的靈看見有一環狀物環繞那座火殿，在其四圍有滿了活火的河流環繞那殿。

71:7 周圍有撒拉弗，基路伯，奧法尼；它們就是那些從不打盹並看守神榮耀寶座的。

71:8 我看到無數的天使們，千千萬萬，都環繞那殿。米迦勒、拉斐爾、加百列、法內爾，以及諸天之上的聖天使們，都進出那殿。

71:9 他們從那殿裡出來，米迦勒和加百列，拉斐爾和法內爾，以及眾多無數的聖天使們。

71:10 有歲月之首[91][即亙古常在者，以下同]與他們同在，祂的頭潔白純淨如羊毛，祂的衣裳無法形容。

71:11 我面俯於地，全身變得自在安寧，我的靈也被變化形像[transfigured]；我以靈的力量極力高聲呼喊，稱頌、榮耀並尊崇。

---

[91] 但以理書 7:9 我觀看，見有寶座設立，上頭坐著亙古常在者。祂的衣服潔白如雪，頭髮如純淨的羊毛。寶座乃火焰，其輪乃烈火。

71:12 這些從我口裡所發出的稱頌，在那歲月之首面前令祂喜悅。

71:13 並且歲月之首來了，同著米迦勒和加百列，拉斐爾和法內爾，以及眾多無數的聖天使們。

[在此有一段落丟失，其中描述人子伴隨著歲月之首，以諾問天使(如 46：3)人子是誰。]

71:14 他[那天使]來到我面前，以他的聲音問候祝福，對我說：「這是那生來為義的人子，公義住在祂身上，亙古常在者的公義必不離棄祂。」

71:15 他對我說：「以要來的世代之名，祂向你宣告平安，因平安從創世就從那裡出來，如此你必得到它，直到永永遠遠。

71:16 所有人都必照祂的道路而行，因為公義必不丟棄祂。他們的居所[複數]將與祂同在，他們的分也同著祂，他們必不與祂分開，直到永永遠遠。

71:17 如此，必有長久的日子與那人子同在，義人在萬靈之主的名裡必得平安，並有一正直的道路，直到永永遠遠。」

[第七十一章 18-30 同第六十章 11-23]

72-82 章 屬天光體的運行軌道書

第七十二章 太陽 [黃道 12 星座和太陽年[92]]

72:1 那本記錄天上眾發光體運行軌道的書，描述了它們之間的關係，根據它們的等級、管轄範圍和季節，根據它們的名字、起源地和月份，這是和我在一起的聖天使烏列爾指給我看的，他是它們的嚮導;他向我準確地展示了它們所有的定律，以及它們是如何與世界所有年份以致於永恆有關[93]，直到新造完成，這新造一直持續到永恆。

72:2 這是眾發光體的第一定律:那發光體太陽從天的東邊眾門戶[星座/星群，以下到第 75 章所提的門戶皆同]升起，在天的西邊眾門戶落下。

---

[92] 摘錄 Ken Johnson *Ancient Book of Enoch* 第 92 頁附註 A：太陽、月亮和行星在黃道帶的 12 個星座中運行。每個星座都有另外三個小星座，叫做執事星座[decans][希伯來文「窗戶」之意]。每顆星星和星座都有一個希伯來名字，預示著預言。

[93] 摘錄 Ken Johnson *Ancient Book of Enoch* 第 92 頁附註 B：此與第九十三章所預言的神的七千年計畫有關。

72:3 我看到了太陽升起的六個門戶，和太陽落下的六個門戶，並且月亮在這些門戶中升起和落下，以及眾星的領袖們和它們所帶領的[或譯：最亮的恒星和它們如何與更小的恒星聯繫在一起]:六個在東方，六個在西方，所有這些都按照精確地對應次序彼此跟隨。在這些門戶的左邊和右邊也有許多窗戶[執事星座]。

72:4 首先出現的是偉大的發光體，叫做太陽，他的圓周就像天的圓周一樣，裡面充滿了發光發熱的火焰。

72:5 他所登上的那戰車[馬車]，由[太陽]風駕馭，太陽從天上下來，並為了到達東方，而從北方返回，他被如此引導以到達合適的[那個]門戶，在天堂的前面閃耀。

72:6 這樣，在第一個月[尼散月]他從那偉大的門戶[星座：白羊座]中升起，這門戶是東邊六個門戶裡的第四個。

72:7 在那第四門戶裡，就是太陽在第一個月升起之處，有十二扇可以打開的窗戶[十二個執事星座]，當它們在合適的[它們的]季節被打開時，就有一火焰從裡面噴出來。

72:8 當太陽從天升起的時候，他接連三十個早晨經由那第四門戶出來[94]，又精準地落下在天的西邊的第四門戶。[95]

---

[94] 摘錄 Ken Johnson *Ancient Book of Enoch* 第 93 頁附註 E：太陽每個月都會經過黃道十二宮的一個星座。

[95] 摘錄 George H. Schodde *The Book of Enoch* 第 86 頁 72:8 附註：從此節開始，太陽的運行就開始了。..有十二個門戶，東方六

72:9 在此期間，白晝逐日變長，而黑夜逐夜變短，直到第三十個早晨。

72:10 在那日，白晝比黑夜長<u>九分之一</u>[或譯：兩分][96]，白晝準確地相當於<u>十分</u>，黑夜<u>八分</u>。[97]

72:11 [之後]太陽從[東邊]那第四門戶升起，又落在[西邊]第四門戶，並且回到東邊的第五門戶三十個早晨，之後從那裡升起並落在[西邊的]第五門戶。

72:12 [從那]之後，白晝變得更長<u>兩分</u>[98]，相當於十一分，黑夜變得更短，相當於七分。

個門戶，西方六個門戶。太陽在一年中白晝最短的時間從第一個門戶升起，並在一年中白晝最長的時間落下到第六個門戶，每個門戶一個月；日子一直在增加。返回時，他從第六個門戶開始他的路線，每月改變他的門戶，每天減少一天的長度，返回到第一個門戶。因此，每年有兩個月，太陽從一個門戶上升，從對應的另一個門戶下降。因此，東方和西方的每個門戶都代表了黃道十二宮的兩個標誌。從第 1 到第 6，分別是摩羯座、水瓶座、雙魚座、白羊座、金牛座和雙子座；從第 6 回到第 1，分別是巨蟹座、獅子座、處女座、天秤座、天蠍座和射手座。每個月名義上是三十天..。

[96] $10/(10+8)-8/18 = 2/18 = 1/9$

[97] 摘錄 Ken Johnson *Ancient Book of Enoch* 第 93 頁附註 F：Equinox：晝夜平分時，春[秋]分，天文學上的二分點。將 24 小時分爲 18 個 90 分鐘時段。

[98] $11/18-7/18 = 4/18 = 2/9$

72:13 [之後]它回到東邊並進到第六門戶，由於其記號[卽星座] 之緣故，從第六門戶升起落下三十一個早晨。

72:14 在那日，白晝變得比黑夜更長，並且白晝變成是黑夜的 兩倍；白晝變成十二分，黑夜被縮短變成六分。

72:15 之後太陽升起，使白天變短，黑夜變長；太陽返回東邊， 進入第六門戶，從那裡升起，又落下，三十個早晨。

72:16 當滿了三十個早晨，白晝確切減少一分[99]，變成十一分， 黑夜有七分。

72:17 太陽從西邊第六門戶出來，去到東邊，從第五門戶升起， 接連三十個早晨，又再落在西邊的第五門戶裡。

72:18 在那日，白晝減少兩分[100]，相當於十分，而黑夜八分。

72:19 太陽從那第五門戶出去，落在西邊的第五門戶，並由於 其記號[卽星座]之緣故，從第四門戶升起三十一個早晨， 並落在西邊。

72:20 在那日，白晝與黑夜相等[101]，[變成等長]；黑夜相當於九 分，而白晝九分。

72:21 太陽從那門戶升起落在西邊，又返回東邊，從第三門戶

---

[99] 由十二分減到十一分。

[100] 從 11/18-7/18 = 4/18 變成 10/18-8/18 = 2/18

[101] 摘錄 Ken Johnson *Ancient Book of Enoch* 第 93 頁附註 F： 若觀測者在夏至時在北回歸線上，這會是正確的。

升起三十個早晨，又落在西邊的第三門戶。

72:22 在那日，黑夜變得比白晝更長，黑夜逐夜變長，白晝逐日變短，直到三十個早晨，並且黑夜準確地相當於十分，而白晝八分。

72:23 太陽從那第三門戶升起，落在西邊第三門戶，又返回東邊，從東邊第二門戶升起三十個早晨，同樣落在天的西邊的第二門戶。

72:24 在那日，黑夜相當於十一分，白晝七分。

72:25 在那日，太陽從第二門戶升起，落在西邊的第二門戶，又返回東邊，進入第一門戶三十一個早晨，並落在西邊的第一門戶。

72:26 在那日，黑夜變得更長，相當於白晝的兩倍；黑夜準確地相當於十二分，白晝有六分。

72:27 太陽已[以此方式]通過了他軌道的區域[複數]，又轉回了他軌道的那些區域，進入那門戶三十個早晨，也在與之相對的西邊落下。

72:28 在那夜，黑夜的長度減少九分之一[102]，黑夜變成十一分，而白晝七分。

---

[102] 從「12/18-6/18 = 多 6/18」變成「11/18-7/18 = 多 4/18」，少了 2/18 = 1/9

72:29 並且太陽返回，進入東邊第二門戶，又轉回他軌道的那些區域三十個早晨，升起又落下。

72:30 在那日，黑夜的長度減少，黑夜相當於十分，白晝八分。

72:31 在那日，太陽從那門戶升起，落在西邊，又返回東邊，從第三門戶升起三十一個早晨，並落在天的西邊。

72:32 在那日，黑夜減少，相當於九分，而白晝九分，黑夜與白晝相等，於是一年正有三百六十四天。

72:33 晝和夜的長度，以及晝和夜的縮短--通過太陽的運行軌道就產生這些區別[它們被分開了]

72:34 因為太陽的進程逐日地變長，逐夜地變短。

72:35 這就是太陽的律例和運行路程，他每回來一次，就是六十次的升起[和落下]，這就是那稱為太陽的偉大發光體，直到永永遠遠。

72:36 那[如此]升起的就是那偉大的發光體，按著主吩咐的，因其外表而得名。

72:37 他怎樣升起，也照樣落下，不減退，不歇息，晝夜奔跑，他的光比月亮的還要明亮[強]七倍[103]。但就大小而言，它們是相等的。[104]

---

[103] 摘錄 Ken Johnson *Ancient Book of Enoch* 第 96 頁附註 I：可能月亮過去更亮，或者「強」指的是曬黑或致癌的宇宙射線。

[104] 當你觀察天空中的太陽和月亮時，它們的大小差不多，這是由於

以諾書

第七十三章 陰曆月[Lunar month]

73:1 在此定律之後，我又看到了另一個關於被稱為月亮的較小光體的定律。

73:2 她的圓周就像天堂的圓周，她乘坐的戰車是由那風驅動的，所賜予她的光是按[確定]的度量。

73:3 她的升落每月變化，她的日子[數目]如同太陽的日子，當她的光一致[滿全]時，相當於日光的七分之一。

73:4 她如此升起[即從朔望月開始]。在第三十個早晨，她的第一階段[新月/朔月][105]在東方出現，在那日，她變得可見[106]，並在第三十日為你們構成了第一月相[月朔][107]，與太陽一同[出現]在太陽升起的那門戶裡。

太陽比月亮遠 400 倍，也比月亮大 400 倍。此外，太陽的半徑大約是月球距離的兩倍。資料來源：britannica.com.]

[105] 摘錄 Ken Johnson *Ancient Book of Enoch* 第 96 頁附註 K：春分之後的第一個新月。

[106] 在新月階段，月亮與太陽合相，當她在地球和太陽之間移動時，朝向地球的一面是黑暗的。

[107] 摘錄 George H. Schodde *The Book of Enoch* 第 88 頁 73:4 附註：開始，即她的重新出現，或新月。第三十個早晨，與太陽的運行軌道有關。月亮的週期從二十九天到三十天；在二十九日，她合相，又重新出現在三十日。在合相時，太陽和月亮在同一個門戶中。

73:5 她[月面]的一半<u>發出</u>[出現]七分之一[108]，她的整個圓周，除了其[圓周的]七分之一[和]她的光的十四分之一以外，是空的，沒有光。

73:6 [那日，即第一日]當她得到她一半光的七分之一時[即月光的十四分之一][109]，她的光就相當於[日光]七分之一之一半的七分之一[即日光的九十八分之一]。

73:7 她隨太陽一起落下，當太陽升起，月亮和他一起升起，領受其光七分之一的一半[即月光的十四分之一][110]。在那夜，就是她早晨的開始[太陰日開始的時候，即新月]，她隨太陽一起落下，那夜她是看不見的，以<u>其面積</u>十四分之一的一半。

---

[108] 摘錄 George H. Schodde *The Book of Enoch* 第 88 頁 73:5 附註：從新月到滿月是十四（或十五）天，從滿月到新月的天數也相同。在此期間，她有十四份光，按此在其三十天期間發生變化，每天是這十四份之一的一半。在滿月需十五天的月份中，第一天顯示的光是屬於月面的一半的七分之一。

[109] 摘錄 George H. Schodde *The Book of Enoch* 第 88 頁 73:6 附註：但是在滿月需十四天的月份中，在第一天她需要顯示十四分之一和二十八分之一，等於二十八分之三的光。

[110] 摘錄 George H. Schodde *The Book of Enoch* 第 88 頁 73:7 附註：只有當月亮額外承擔了十四分之一的光時，這才變得可見。在早晨的開始她落下，因為月亮的一天從晚上開始。

73:8 她在那日[即第二日]升起，顯出七分之一[111]，出來並離日出越來越遠，在她剩餘的日子裡，她在(剩餘的)十三份中變得明亮[112]。

第七十四章[陰曆年]

74:1 我還看到了另一個運行路程，她的一個定律，[以及]她如何根據此定律進行每月的公轉。

74:2 這一切都是其全體的領袖聖天使烏列爾，向我展示的。我按著他的指示記下它們的位置。我也據實記下它們的眾月份，以及[從起始]直至十五天[滿月]完成時，它們的光的外貌。

74:3 在單獨的七份中，她在東方完成了她所有的光，在[另]單獨的七份中，她在西方完成了她所有的黑暗。[113]

---

[111] 兩個十四分之一大小，即七分之一。

[112] 摘錄 George H. Schodde *The Book of Enoch* 第 88 頁 73:8 附註：因此，月亮一天比一天增加，增加了七分之一的一半，或十四分之一的光

[113] 共十四份。

74:4 在某些月份，她改變自己的沉落，在某些月份，她追求自己獨特的運行軌道[114]。

74:5 月亮有兩個月與太陽一同落下[115]，在中間的那兩個門戶，就是第三門戶和第四門戶[116]。[117]

74:6 她出去七天，然後轉回，從太陽升起的門[118]再度回來，完

---

[114] 摘錄 George H. Schodde *The Book of Enoch* 第 88 頁 74:4 附註：指月亮相對於太陽的位置。獨特的，即獨立於太陽的運行軌道。

[115] 這主要是從月球和地球的位置關係來看，當月球在地球和太陽中間附近時，從地球看去，月球和太陽在一個方向，同升同落，這個時候就是新月；當月球在地球背面並大致和太陽在一條線上時候，我們能看見月亮被照亮的全部部分，這就是滿月。

[116] 第三門戶和第四門戶與晝夜平分點--春分秋分--相關。３月２１日春分時，從地球看去，太陽在雙魚座方向；９月２３日秋分時則見太陽行至處女座。

[117] 摘錄 George H. Schodde *The Book of Enoch* 第 88 頁 74:5 附註：在這兩個月的時間裡，她的運行軌道並不單獨，而是與太陽在一起，就是當她在第三個門戶（天秤座和雙魚座）和第四個門戶（白羊座和處女座）時。當太陽在白羊座和天秤座時，新月和滿月在同一個門戶中。

[118] 摘錄 George H. Schodde *The Book of Enoch* 第 88 頁 74:6 附註：指的是第三門戶，如下一節所示。七天來她穿過門戶（複數），從第一門戶，直到抵達第三門戶，就是太陽所在的地方，她的光

成了她所有的光；然後她離太陽越來越遠，在八日內進入太陽出來的第六門戶。

74:7 當太陽從第四門戶升起的時候，她[月亮]出去接連七日，直至從第五門戶出來。又在七日內轉回進入第四門戶，完成她所有的光，又退去，並在八日內進入第一門戶。

74:8 七日內她又回來進入第四門戶[119]，就是太陽出來的地方。

74:9 如此，我看見它們的位置--明白在那些日子裡月亮如何升起，以及太陽如何落下[或譯：日月如何按著它們的月份升起落下]。

74:10 若將五年加在一起，太陽的日子就[比月亮]多出三十天，這五年中各年的日子滿了時，相當於三百六十四天。[120]

就滿了；然後又過了八天，到了第六門戶。

[119] 摘錄 George H. Schodde *The Book of Enoch* 第 88 頁 74:7-8 附註：新月開始在第四門戶，月亮十四天後又返回第四門戶，就是滿月；然後到第一門戶，十五天後又回到第四門戶。

[120] 摘錄 George H. Schodde *The Book of Enoch* 第 88-89 頁 74:10 附註：從此節開始提到太陽曆法和月亮曆法的區別。根據 78:15-16，六個月 30 天，六個月 29 天，即月亮曆法一年 354 天。但是太陽曆法一年有 360 天，按每個月 30 天算 12 個月，不算 4 個閏日(二分點和二至點相關的春分、秋分、夏至和冬至)。因此，太陽曆法和月亮曆法之間的差別若不算閏日就是 6 天，若算閏日就是 10 天。因此，不算閏日，太陽曆法每五年多月亮曆法 30 天，雖

74:11 太陽和眾星多了六天，五年中每年六天，就相當於三十天，而月亮落後太陽和眾星的日數加起來，共計三十天。

74:12 太陽和眾星精確地帶來了所有的年份[121]，所以它們的位置不會提前或延遲一天，直到永遠；但要在三百六十四天內以完美的正義完成眾年份。

74:13 三年的日子共有一千零九十二天，五年有一千八百二十天，八年有兩千九百一十二天。

74:14 單就月亮而言，三年有一千零六十二天，她五年共落後五十天。

74:15 五年的日子有一千七百七十天，所以對月亮而言，八年有兩千八百三十二天。

74:16 [因為，她八年落後共八十天]，月亮落後的所有日子，八

然實際上太陽年在滿盈時每年有 364 天，而不是 360 天。

[121] 《以諾書》/《禧年書》/《死海古卷》曆法都將太陽置於計算時間的主導地位。雷切爾·埃利奧（Rachel Elior）博士，耶路撒冷希伯來大學猶太哲學教授，曾指出在安提阿哥四世之前，希伯來人仍遵循預先計算的太陽曆法。它指導了他們的屬靈生活，並告知了他們作為一個有別於世人的民族身份。對他們來說，這是一個不容談判的問題。絕對沒有商量餘地的。於是撒督祭司和眾人就離了耶路撒冷，往昆蘭的曠野去。這標誌著這個國家在歷史和屬靈上發生了變化。]

年有八十天[122]。

74:17　一年是按照它們的世界衆站[stations]和太陽的衆站[stations]精確地完成的，太陽從衆門戶升起，它[太陽]藉衆門戶升起和落下三十天。

第七十五章　四個閏日[123]

75:1　而掌管整個創造和衆星的千夫長的領袖們，也與那四個閏日有關，根據一年的計算，這四個閏日與他們的職務是分不開的，他們在未計入一年的計算的那四天[124]仍提供服務。

75:2　由於它們，人們在這點上出錯，因爲那些發光體確實在世界衆站上提供服務，一個在天堂的第一門戶，一個在天堂的第三門戶，一個在天堂的第四門戶，一個在天堂的第六門戶，一年的精確是通過它個別的三百六十四站[stations]完成的。

75:3　烏列爾，那已被榮耀之主指派在天堂和世界管理天上所有光體的天使，將記號，節期[時間]，年歲和日子都指示我，

---

[122] 以諾所領受的太陽曆法若算 4 個閏日就和陰曆年相差十天，在三年內，將正好是一個月。在五年中，差額是五十天。在八年中，她落後了八十天。

[123] 摘錄 Ken Johnson *Ancient Book of Enoch* 第 99 頁附註 N：這是昆蘭和禧年書所用曆法。

[124] 這四個日子是春分、秋分、夏至和冬至。

衆光體必在天堂的面前掌權，在地上被看見，並作晝夜的領袖，就是太陽，月亮和衆星，並一切在天堂戰車上周轉[revolution]的供職受造物。

75:4 照樣，烏列爾向我展示了十二道門，這些門在天上在<u>太陽戰車</u>[125]的圓周上打開，太陽的光線從那裡照射出來：當它們按著它們指定的季節被打開時，溫暖就從這些門散發到地上。

75:5 [也有一些是爲著衆風和露水的靈，當它們有時被打開，立在諸天的衆極處。]

黃道十二宮和執事星座

75:6 至於天上的十二門戶，在衆地極，太陽、月亮、衆星，以及天堂在東方和西方一切的工，都從那裡出來。

75:7 它們[即上述的十二門戶/星座]的左右兩邊都開著許多<u>窗戶</u>[執事星座，decans，以下同]，有一窗戶在它(指定的)季節會產生溫暖，與那些<u>門</u>[星座]相對應[就像這些<u>門</u>一樣]，衆星按照祂的命令從那些門出來，並對應它們的編號在那裡落下。

75:8 我看見戰車[複數]在天上，在世界中奔馳，在有<u>永不落之星</u>[即北極星][複數]在內繞轉的那些<u>門戶</u>之上。

---

[125] 摘錄 George H. Schodde *The Book of Enoch* 第 89 頁 75:4 附註：因爲戰車從外觀上看就是一圈，即圓的。

75:9 有一車比其他的都要大，它就是那使其運行軌道貫穿全世界的。

第七十六章 12 扇窗戶和它們的門戶[複數] [四風/參見三十四至三十六章]

76:1 在眾地極，我看見有十二門戶向(天的)四圍敞開，眾風從那裡出來，吹遍全地。

76:2 其中三個開在天的前面（就是東方），三個在西方，三個在天的右邊（就是南方），三個在左邊（就是北方）。

76:3 前三個是東方的，三個是北方的，三個[在那些左邊的之後]是南方的，三個是西方的。

76:4 藉由這些中的四門戶，有祝福和昌盛之風吹出。從其餘的八門戶中吹出有害的風[126]：當它們被差遣，就將毀滅帶給全地、地上的水，並所有住在其[地]上的，以及水中和地上的一切。

76:5 從那些門戶中最先出來的風，叫作東風，從在東並偏南的第一門戶中出來：從它帶來荒涼、乾旱、炎熱和毀壞。

76:6 從中間的第二門戶出來合宜的風，從它帶來雨水、豐產、昌盛和露水；從朝北的第三門戶中出來寒冷和乾旱。

---

[126] 詩篇 11:6 祂要向惡人密布網羅；有烈火、硫磺、熱風，作他們杯中的分。

76:7 在這些之後，有南風經過三個門戶出來：藉由其中偏東的第一門戶出來一陣熱風。

76:8 並且藉由靠近它的中間門戶，有香氣、露水、雨水、昌盛和健康出來。

76:9 藉由朝西的第三門戶，有露水、雨水、蝗蟲和毀壞出來。

76:10 在這些之後，是北風[複數]：從在東方的第七門戶，有露水、雨水、蝗蟲和毀壞。

76:11 從中間門戶，有健康、雨水、露水和昌盛直接出來。藉由在西方的第三門戶，有雲、白霜、雪、雨水、露水和蝗蟲出來。

76:12 在這些[四風]之後，是西風[複數]。經由毗連北方的第一門戶，有露水、白霜、寒冷、雪和霜凍出來。

76:13 從中間的門戶，有露水、雨水、昌盛和祝福出來；經由毗連南方的最後一個門戶，有乾旱、荒涼、火燒和毀壞出來。

76:14 我兒瑪土撒拉，於是天上四方的十二道門戶都齊備了，它們的一切律法，災殃，恩惠，我都指給你看了。

第七十七章 世界的四方[部分]：七座山，七條河等

77:1 第一方[部分]被稱爲東方，因爲它是第一的；第二的，被稱爲南方，因爲至高者將在那裡降臨，是的，在相當特殊

的意義上，那永遠受稱頌的將降臨。

77:2 西方被稱爲減弱區，因爲在那裡，天堂的所有發光體都會減虧[衰微]並下降。

77:3 第四方，被稱爲北方，被分成三部分：其中第一處是世人的居所；第二處包含海水，無底深淵[abysses]，森林，河流，黑暗和衆雲；第三處包括義人的花園。

77:4 我看見七座高山，高過地上衆山；從它們那裡有冷霜出來。日子，節期和年歲由此流逝。

77:5 我見地上有七條河，大過所有河流；其中一條河從西方出來，將它的水傾入那大海[127]。

77:6 那兩條河[底格里斯河和幼發拉底河]從北方出來，把它們的水傾入東方的厄立特裡亞海[Erythraean Sea] [印度洋古稱]。

77:7 其餘四條河從北邊湧出，到它們自己的海裡，其中兩河[印度河和恆河]到厄立特裡亞海，兩河[可能是奧克蘇斯河和雅克薩特河]到那大海，它們流入那裡[有人說：進入那曠野]。

77:8 我看見在海裡和大陸上有七大島：兩個在大陸上，五個在那大海裡。

---

[127] 那大海：在舊約聖經中指地中海。

第七十八章 太陽和月亮；月亮的盈虧

78:1 太陽的名字[複數]記在下面：第一個是奧亞若斯[閃亮的，Orjares]，第二個是托馬斯[Tomas，熱氣]。

78:2 月亮有四個名字：第一個是阿桑亞[Asonja]，第二個是厄布拉[Ebla]，第三個是拜內斯[Benase]，第四個是艾瑞厄[Erae]。

78:3 這就是兩個大光；它們的圓周如同天的圓周，它們兩個圓周的大小相等。[128]

78:4 太陽的圓周裡有加給它的七份光，比給月亮的更多，並且它被定量的傳遞給月亮，直到太陽光的七分之一耗盡。

78:5 它們就落下，並進入西邊的門戶，從北方繞轉，又從天堂前面東邊的衆門戶出來。

78:6 當月亮升起十四分之一，出現在天空：她的光在她裡面變得滿盈：在第十四日，她完成了她的光。

78:7 照著各年的記號，有時有十五份光傳給她，直到第十五日其光滿全。月亮的光乃按十四份增強。

78:8 在月缺的第一日，她的光減至十四份。第二日減至十三份，

---

[128] 當你觀察天空中的太陽和月亮時，它們的大小差不多，這是由於太陽比月亮遠 400 倍，也比月亮大 400 倍。此外，太陽的半徑大約是月球距離的兩倍。資料來源：britannica.com.

第三日減至十二份，第四日減至十一份，第五日減至十份，第六日減至九份，第七日減至八份，第八日減至七份，第九日減至六份，第十日減至五份，第十一日減至四份，第十二日減至三份，第十三日減至兩份，第十四日減至七分之一的一半[一份]。在第十五日，她全部剩餘的光完全消失了。

78:9 在某些月份，那個月有二十九天，有一次是二十八天。

78:10 烏列爾又把另一個律例指示我：何時把光傳遞給月亮，以及光從太陽的哪一邊傳遞給月亮。

78:11 月亮在她的光裡面增長的所有時期中，她在與太陽相對的十四天裡把它[光]轉移到她自己身上[亦即她的光在天上滿盈]，當她被全部照亮的時候，她的光就在天上滿盈了。

78:12 在第一日，她被稱為新月，因為在那一日，光在她身上升起。

78:13 在那日她變成滿月，當太陽落在西方，而她在夜間從東方升起，月亮整夜照耀，直到太陽從她的對面升起，而月亮被看見在太陽的對面。

78:14 在月亮發出光的那一邊，她再次減弱[消虧]，直到所有的光消失，一個月的所有日子便結束，她的圓周空而無光。

78:15 有三個月她使其有三十天，在她的時間裡，她讓三個月有二十九天，在這三個月裡，她完成了她在第一段時間

的月缺，在第一門戶中度過了一百七十七天。

78:16 在她外出的時候，她出現了三個月，每月三十天，又有三個月，她每月出現二十九天。

78:17 在晚上，她每次像人一樣出現了二十天，白天，她像天堂一樣出現，在她裡面沒有別的，除了她的光。

79-80 章 重述一些律例

第七十九章

79:1 現在，我兒瑪土撒拉，我已把一切事都指示你，那天上所有眾星的律例也完成了。

79:2 他把這一切眾星的全部律法--為著每一日，每一節期，每一年，它的出去，以及各月各週命令它的次序--都指示我了。

79:3 月缺在第六門戶發生，因為在此第六門戶，她的光滿盈，之後便是月缺的開始。

79:4 在它的季節裡[它指定的時候]，月缺在第一門戶發生，直至滿了一百七十七天，以週計算，就是二十五[週]又兩天。

79:5 在一個週期的進程中，她落後太陽和星星的次序確有五天[129]，當你所看到的這個地方已被通過的時候。[或譯：根據

---

[129] 74:11 提到月亮每年落後太陽和眾星六天。

衆星的定律，月亮在一個週期內正好落後太陽五天，當你
看到這一點時，它的運行軌道就完成了。]

79:6 這就是各發光體的寫照和概要，是它們的領袖天使長烏列
爾所指示我的。

第八十章

80:1 在那些日子裡，烏列爾回答我說：「看哪，以諾，我已把
每一件事都給你看了。我也已把每一件事都啟示你，好叫
你看見這太陽、月亮、並天上衆星的領袖們和一切轉動它
們的，它們的任務，時間[季節]和啟程的事。

80:2-8 人類的罪惡導致大自然和天體的倒錯和反常
[Perversion] [末日預兆]

80:2 在罪人的日子裡，年歲必被縮短[130]，他們的種子必在他們
的土地和田野遲延，地上萬物都要改變，必不在它們的時
候出現。雨必被扣住，天必把(它)留住。[131]

80:3 當那些時候，地上的果子必定晚熟，不按時生長，衆樹的

---

[130] 馬太福音 24:21 因爲那時必有大災難，從世界的起頭直到如今，
沒有這樣的災難，後來也必沒有。22 若不減少那日子，凡有血氣
的總沒有一個得救的；只是爲選民，那日子必減少了。

[131] 啟示錄 11:6 這二人（卽那兩個見證人）有權柄，在他們傳道的日
子叫天閉塞不下雨；又有權柄叫水變爲血，並且能隨時隨意用各
樣的災殃攻擊世界。

果子也必不能如期結成。

80:4 月亮必改變她的次序[日程]，不按時出現。

80:5 在那些日子，太陽必被看見，他在傍晚在西方必在那偉大戰車的末端行走，發光照耀的更明亮[132]，不按光的命令。

80:6 許多掌管星宿的首領必違反(規定的)命令。它們將改變它們的軌道和任務，而不在其規定的季節出現。

80:7 眾星的所有次序必向罪人封閉，那些住在地上的，其意念必因它們錯亂，[他們必從他們一切的道路上改變]，的確，他們必錯謬[133]，並把它們當作諸神[134]。

80:8 邪惡必在他們身上繁增，刑罰必臨到他們身上，把他們盡都毀滅。」

第八十一章 屬天的書版和以諾的任務[以諾被吩咐要教導]

81:1 他告訴我說：「以諾啊，察看這些屬天的書版，並讀寫在其上的話，並標記每一個別事實。」

81:2 於是我察看了這些屬天書版，又讀了記在其上的一切，並

---

[132] 以賽亞書 30:26 當耶和華纏裹祂百姓的損處，醫治祂民鞭傷的日子，月光必像日光，日光必加七倍，像七日的光一樣。

[133] 神聖正確的天文學及各星座正確的意義必被錯謬的解釋所取代。

[134] 申命記 4:19 又恐怕你向天舉目觀看，見耶和華—你的神爲天下萬民所擺列的日月星，就是天上的萬象，自己便被勾引敬拜事奉它。

明白一切，又讀了人類和所有當在地上的一切血氣之子直到萬代所有行爲的書。

81:3 我便立刻起來稱頌那偉大的主，永遠榮耀的王，因祂在那[書]裡成就了世上一切的工，又因祂長久忍耐，我就頌揚主，並爲人類子孫的緣故稱頌祂。

81:4 此後，我說：「在公義和良善中死去的人有福了，因爲關於他，沒有不義的典籍被記載，也必找不到審判他的日子。」

81:5 那七位聖者們將我帶到地上，把我放在家門口，對我說：「要將一切事告訴你兒子瑪土撒拉，並使你衆兒女都知道，有血氣的在耶和華眼中沒有一個是義的[135]，因爲祂是他們的創造主。

81:6 我們要把你留給你兒子一年，等你發出你[最後的]吩咐，使你可以教導你的兒女們，爲他們作記錄，並向你所有的兒女作見證；第二年，他們要把你從他們中間接去。

81:7 願你的心剛強，因爲善人必向善人宣告公義，義人必與義人同歡，他們必向彼此恭賀。

81:8 然而罪人必與罪人同死，叛者必與叛者一同沉淪。

81:9 而那些行公義之人，他們必因人的行爲而死，又因邪惡人的作爲而被奪去。」

---

[135] 羅馬書 3:10 就如經上所記：沒有義人，連一個也沒有。

81:10 在那些日子，他們[那七位聖者們]停止對我說話，我回到
我百姓中，稱頌那世界之主。

第八十二章 給予以諾的命令；四個閏日和掌管節令和月份之星[複數]

82:1 現在，我兒瑪土撒拉阿，我向你細述說這一切事，也爲你
寫下來。我已將每一件事都啓示你了，也把關於這一切事
的書卷賜給你。我兒瑪土撒拉阿，要保存這些出自你父之
手的書卷，[務必]將它們傳給世上的世世代代。

82:2 我已將智慧賜給你和你的兒女們，[和你將來的兒女們]，
好叫他們世世代代傳給他們的兒女們，這智慧勝過他們的
思想。

82:3 那些明白它的人必不睡覺，卻要側耳傾聽，好叫他們得以
學習這智慧，凡以它爲食的人必喜悅，勝過吃美物。

82:4 一切的義人有福了，凡在公義的道上行走，在數算他們的
年日時[其中，太陽穿過天上，同著萬千星序的首領們，
進出衆門戶 [每次]三十天，並同著將一年分成四份而設
置[添上/插入]的那四天]，不像罪人般犯罪的人都有福了。

82:5 世人必因它們[這四天]出錯，不把它們列入**全年的計算**中。
的確，人們會犯錯，不會準確地辨認它們。

82:6 因爲它們屬於一年的計算中,並被切實地記錄,直到永遠,一個在第一門戶,一個在第三門戶,一個在第四門戶,一個在第六門戶。一年是在三百六十四天中完成。

82:7 如此計算便是精準,如此記錄便爲準確,因爲烏列爾已將眾發光體,月份,節期,年歲和日子的事都給我看,並向我啓示。全創世之主已使天上眾軍都隸屬於他[烏列爾]。

82:8 他在天上有能力,掌管黑夜和白晝,使光照耀世人--太陽、月亮、眾星,並天上所有在其繞圈戰車中運行的一切能力。

82:9 這是眾星的律例,設置在它們各自的位置、季節、節期和月份當中。

82:10 這些都是它們[眾星]首領的名字,他們嚴密守望以確定它們各自按照它們的時間、順序、季節、月份、所轄時期和位置進來。

82:11 首先進來的是把一年分成四份的那四位首領;他們之後是區分月份的十二班首領;爲著三百六十（天）有區分日子的千夫長;爲那增添的四天,有切開[分離]一年四份的首領們。

82:12 這些千夫長被插入首領和首領之間,每個在一個站後面[或譯:操縱一個站],但他們的首領負責劃分。

82:13 這些是劃分一年中指定的四份之首領的名字:邁爾克爾[Melkiel],海拉邁勒克[Helemmelek],邁勒雅爾[Meleyal]和納瑞爾[Narel]。

82:14 領導他們的人的名字是:安得納瑞爾[Adnarel]，亞蘇撒爾[Iyasusael]，以錄米爾[Iyelumiel];這三位跟隨掌管[衆星]次序的首領。還有一位跟隨三位掌管次序的首領，而三位掌管次序的首領又跟隨那劃分一年四份的衆站首領。

82:15 一年之初，邁爾克爾首先興起掌權，他的名稱爲他瑪阿尼[Tamaani]和太陽[或譯:南邊的太陽]，其掌權的日子是九十一天。

82:16 當他掌權的日子，地上有可見的徵兆，有汗水，熱氣和平靜；一切的樹木都結果子，且長出葉子，麥子收割，玫瑰開花。田間所有的花盡都開放，只有冬季的衆樹枯乾。

82:17 以下是列於他們[四位首領]之下的首領名字：伯克爾[Berkeel]，澤勒巴瑟爾[Zalbesael]，另外加入一位千夫長，名叫海洛亞瑟夫[Heloyaseph]。這一位（首領）[邁爾克爾]掌權的日子至此完結。

82:18 在他之後的首領是海拉邁勒克，他的名爲閃耀的太陽，他發光的日子是九十一天。

82:19 在[他的]日子地上有這些徵兆：炎熱和乾燥，樹木熟了果子，所結的果子都熟了，綿羊配對並懷孕，地上所有的果子，田間一切的物，並酒醉都被積聚：這些事都發生在他掌權的日子。

82:20 這些是千夫長的眾首領的名字和順序：格達雅爾[Gedael]，基爾[Keel]和希爾[Heel]。另外，他們中間加入一位千夫長，名叫阿斯法爾[Asfael]。他[海拉邁勒克]掌權的日子至此完結。

下表主要根據 Ken Johnson *Ancient Book of Enoch* 第 112 頁附表翻譯製作：例如太陽在東邊第一個門戶（牡羊座）升起，而在西邊第一個門戶（天秤座）落下

猶太月份	聖經中的名稱	陽曆月份	太陽升起的東方門戶	太陽落下的西方門戶
1	亞筆月/尼散月	4	牡羊座 Aries	天秤座 Libra
2	西弗月	5	金牛座 Taurus	天蠍座 Scorpio
3	西彎月	6	雙子座 Gemini	射手座 Sagittarius
4	四月	7	巨蟹座 Cancer	摩羯座 Capricorn
5	五月（埃波月）	8	獅子座 Leo	水瓶座 Aquarius
6	以祿月	9	處女座 Virgo	雙魚座 Pisces
7	以他念月	10	天秤座 Libra	牡羊座 Aries

8	布勒月	11	天蠍座 Scorpio	金牛座 Taurus
9	基斯流月	12	射手座 Sagittarius	雙子座 Gemini
10	提別月	1	摩羯座 Capricorn	巨蟹座 Cancer
11	細罷特月	2	水瓶座 Aquarius	獅子座 Leo
12	亞達月	3	雙魚座 Pisces	處女座 Virgo

83-90 章 大洪水及人類歷史的異象夢

83-84 章 關於大洪水的異象夢

第八十三章

83:1 我兒瑪土撒拉啊，現在我要將我所見的一切異象指示你，在你面前述說。

83:2 我娶妻之前見過兩次異象，其中一次與另一次截然不同。第一次是在我學寫字的時候。第二次是在我娶你母親以前，我看見了一個可怕的異象。我就為它們向主禱告。

83:3 我在我祖父瑪勒列的家中躺臥，在異象中看見天如何崩塌[136]，被風吹走，並掉落到地上。

83:4 當它落到地上的時候，我看見大地如何被一個大深淵[無底坑]吞沒，大山懸在大山上，小山塌陷在小山上，高大的樹木從樹幹上折斷，並被拋下，沉在那深淵[無底坑]裡。

83:5 於是立刻有一句話落入我口中，我就高聲喊叫說：「地被毀滅了。」

---

[136] 摘錄 Ken Johnson Ancient Book of Enoch 第 113 頁附註 A：創世記 7:11 當挪亞六百歲，二月十七日那一天，大淵的泉源都裂開了，天上的窗戶也敞開了，12 四十晝夜降大雨在地上。

83:6 我祖父瑪勒列將我喚醒，因爲我靠近他躺臥，並對我說：「我兒，你爲什麼如此哭喊，爲什麼如此哀號?」

83:7 我向他述說我所見的整個異象，他便對我說：「我兒，你所見的是一件可怕的事！你的夢[異象] 是屬於一個重大的時刻，關乎地上所有罪惡的秘密：它必沉入那深淵[無底坑]，並以巨大的毀滅被毀滅。

83:8 我兒，既然你是一個信徒，現在就起來，向榮耀的主祈求，願有餘種留在地上，使祂不致毀滅全地。

83:9 我兒，這一切事將從天降到地上，必有大毀滅臨到全地。」

83:10 在那之後，我便起來禱告，懇切祈求，又爲世上萬代寫下我的禱告。我兒瑪土撒拉啊，我要把一切的事都指示你。

83:11 當我出到下面，看見天，太陽從東方升起，月亮在西方落下，幾顆星星，整個大地，以及祂起初就認識的一切，我就稱頌審判的主，並讚美祂，因爲祂使太陽從東方衆窗出來，他上升並升到天的面前，並落下，且持續走在展示給他的那路中。

第八十四章

84:1 在公義中我舉起我的雙手，稱頌那聖潔偉大者。我用口中的氣息講話，用肉身的舌頭訴說，因爲神爲血氣之人的兒女們造了舌頭，使他們用於講話；祂賜給他們氣息、舌頭

和嘴唇，使他們可以用於說話：

84:2 「主阿，王啊，在祢的偉大中偉大又強大，天上全創造之主，萬王之王，全世界之神，祢是應當稱頌的！祢的能力、王權和偉大存到永永遠遠，祢統管直到萬代。諸天都是祢的寶座，直到永遠，全地都是祢的腳凳，直到永永遠遠。

84:3 因祢已創造並統管萬有，在祢沒有難成的事；智慧不離開祢的寶座，也不離開祢的面。祢知道，看見並聽見萬事，沒有什麼能向祢隱藏[因祢看見萬事]。

84:4 如今祢諸天的天使們行了不義，祢的忿怒也停留在血氣之人身上，直到審判的大日。

84:5 現在，神阿、主阿、大君王啊！我懇切祈求祢實現我的禱告，求祢為我在地上留下後代，不要除滅一切血氣之人，不要使大地沒有居民，免得有永遠的毀滅。

84:6 我的主啊，如今願祢從地上毀滅那些惹動祢忿怒的血氣之人，卻要使公義和正直的血氣之人[137]，堅立為永恆後裔的苗[138]。主阿，求祢不要向祢僕人的禱告掩面。」

---

[137] 神回應了以諾的禱告，挪亞是以諾的曾孫。大洪水始於以諾的兒子瑪土撒拉離世後，創世以來的先祖們也都已離世了。

[138] 創世記 6:8 惟有挪亞在耶和華眼前蒙恩。7:1 耶和華對挪亞說：「你和你的全家都要進入方舟；因為在這世代中，我見你在我面前是義人。」

85-90 章 以諾的第二個異象夢：從世界歷史到彌賽亞國度的建立

第八十五章

85:1　在這之後，我看見另一個夢，我兒，我要把那整個夢都指示你。

85:2　以諾就揚聲對他的兒子瑪土撒拉說：「我兒，我要對你說，當聽我言，要側耳聽你父的異象夢。

85:3　在我娶你母親艾德娜[Edna]之前，我在床上在異象中看見：看哪，有一隻公牛[亞當]從地上出來，那公牛是白的。在它之後，有一隻母牛[夏娃]出來，[稍後]一同出來的還有兩隻公牛，一黑[該隱]一紅[亞伯]。

85:4　那黑公牛用角抵傷那紅公牛，遍地追趕他，於是我再也看不到那紅公牛。

85:5　但那黑公牛卻漸漸長大，並且那母牛也跟著他走了；我又見有許多公牛從他而出，都與他相似，並且跟隨他。

85:6　那母牛[夏娃]，就是第一頭母牛，離開了第一頭公牛的面，去尋找那頭紅的公牛[亞伯]，但沒有找到他，就為他哀哭，尋找他。

85:7　我觀看，直到第一頭公牛[亞當]來到她那裡，並且安慰她，從那時起她便不再哭泣。

85:8 在那此後,她生了另一頭白公牛[塞特],在他之後,她又生了許多公牛和黑母牛。

85:9 我在睡夢中看到,那頭白公牛也同樣地長大,並且成為一頭巨大的白公牛。有許多白公牛從他而出, 他們都與他相似。

85:10 並且他們開始生出許多與他們相似的白公牛,一頭接一頭,[甚至到]很多。

第八十六章 天使們的墮落和人類的道德敗壞 [參見六至八章]

86:1 當我睡著的時候,我再次親眼看見,看見在上的天,看哪,有一顆星[阿撒瀉勒/參見 88:1]從天而降,並且它起來,在那些牛中間吃草。

86:2 在那之後,我看見那大牛群[塞特後裔]和黑牛群[該隱後裔],看哪,它們都改變了各自的棚圈,草場和牲畜,並且開始彼此住在一起。

86:3 我又在異象中看見,向天上望去,看哪,我見許多星從天降下[139],將自己拋向那第一顆星,並且它們在那些牲畜中間變成了公牛,並在它們中間與它們一同吃草。[參見 54:6]

---

[139] 摘錄 Ken Johnson *Ancient Book of Enoch* 第 117 頁附註 B: 猶大書 1:6 又有不守本位、離開自己住處的天使,主用鎖鍊把他們永遠拘留在黑暗裡,等候大日的審判。

86:4 我觀看它們，看哪，它們都像馬一樣露出私處，開始與牛群中的母牛交配，它們都懷孕了，並且生出大象、駱駝和驢。[140][參見 10:9]

86:5 所有的牛都怕它們，對它們感到恐懼；它們開始用它們的牙齒撕咬並吞噬，且用它們的角抵傷。

86:6 更甚的是，它們開始吞滅那些牛；看哪，地上一切的人，開始在它們面前顫動又戰慄，並且逃跑。

第八十七章 七位天使長降臨

87:1 我再次觀看，見它們如何開始彼此抵傷，互相吞噬，地也開始大聲哭喊。

87:2 我再次向天舉目，在異象中觀看，看哪，有天上靈體降臨，好像潔白的人。有四位從那裡出來，還有三位與他們一起。

87:3 那最後出來的三位，抓住我的手，把我提起，遠離地上的諸世代，使我升到高處，又向我展示了一座高聳於地面之上的塔，所有的小山都低於它。

---

[140] 摘錄 Ken Johnson *Ancient Book of Enoch* 第 117 頁附註 C：大洪水前的巨人們有三類--禧年書 7:22 他們生了兒子，就是拿非低族 (Naphidim)。他們互不相同，又彼此吞吃。巨人(Giants)殺戮拿非族(Naphil)，拿非族則殺戮以羅奧族(Elyo)，以羅奧族則殺戮世人，人又彼此殺戮。

87:4 有一位對我說：「留在這裡，直到你看見將要臨到大象、駱駝和驢子，並那些星和牛群身上的一切事。」

第八十八章 天使長們對墮落天使們的懲罰[參見第十章]

88:1 我看見先出來的那四位中的一位[10:4 拉斐爾]，他捉住第一個從天墜落的星[阿撒瀉勒]，捆住它的手腳，把它扔入一個深淵裡。那淵窄又深，可怕又黑暗。

88:2 他們其中一位[10:7 加百列]伸出一把劍，並將它賜給那些大象、駱駝和驢子；於是它們開始彼此相殺，全地也因它們而震動。

88:3 正當我在異象中觀看的時候，看哪！從天上下來的四位天使中的一位[10:11 米迦勒]，從天上用石頭打(他們)，又聚集並捉住那些私處如馬一樣的大星，捆住它們的全部手腳，扔在地上的一個深淵裡[141]。

---

[141] 摘錄 Ken Johnson *Ancient Book of Enoch* 第 118 頁附註 F：彼得後書 2:4 就是天使犯了罪，神也沒有寬容，曾把他們丟在地獄，交在黑暗坑中，等候審判。

第八十九章　　　89:1-9 大洪水和諾亞得拯救

89:1 那四位中的一位，來到那白公牛[挪亞]跟前，暗暗地指示他，他並不懼怕。他生來是公牛，後來成了人，為自己造了一艘大舟，住在上面；又有三隻公牛[閃、含、雅弗]和他同住在那舟裡，並且他們被封蓋在那裡面。[參見 67:2]

89:2 我又舉目望天，見有一高聳的屋頂[142]，其上有七條洪流，這些洪流帶著大量的水流入了一個圍場[圍欄/圈用地][或譯：院子，以下同]。

89:3 我再次觀看，看哪，在那大圍場的表面有眾泉源被打開了，那水開始上漲，在那表面上起浪，我觀看那圍場，直到它整個表面都被水覆蓋。

89:4 那水，那黑暗和霧氣在它上面越發增多。當我察看那水的高度時，那水已經漲過那圍場，又川流不息地流過那圍場，並停滯在地上。

89:5 那圍場中的所有牲畜都聚集一處，直到我看見它們如何在那水中沉沒，遭吞吃並被毀滅。

89:6 那舟飄浮在那水上，然而所有的牛、大象、駱駝和驢子，並一切的動物，卻都沈入水底，以致我再看不見它們。它們無法逃離，盡被毀滅，並沉入深海。

---

[142] 摘錄 George H. Schodde *The Book of Enoch* 第 106 頁 89:2 附註：由於人被象徵為動物，大地一直被稱為「院子」，上面的天堂被稱為「高聳的屋頂」。

89:7 我再次在異象中觀看,直到那些洪流從那高的房頂上被移除,地的眾裂口都平了,其他的深坑被打開。

89:8 然後那水開始傾入這些深坑,直到地面露出來;但那舟停在地上,黑暗過去,並且光出現了。

89:9 那已變成人的白公牛,從那舟出來,那三頭公牛也隨著他。三頭公牛中有一頭,像那頭公牛一樣白[閃],它們其中一頭紅如血[雅弗],一頭黑的[含]。並且那白公牛就離開它們了。

89:10-27 從諾亞之死到出埃及

89:10 於是它們開始產出田間的走獸和飛鳥,因此就有不同種類興起:獅子、老虎、狼、狗、鬣狗、公野豬、狐狸、松鼠、豬、獵鷹、禿鷲、鳶、鷹、烏鴉。並且它們中間生出了一頭白公牛[亞伯拉罕]。

89:11 它們開始彼此相咬,但那生在它們中間的白公牛,生了一頭野驢[以實瑪利][143]和一頭白公牛[以撒],並且那野驢多了起來。

89:12 那從他而出的公牛,生了一隻黑的公野豬[以掃]和一隻

---

[143] 創世記 16:11 並說:「你如今懷孕要生一個兒子,可以給他起名叫以實瑪利 (就是神聽見的意思),因為耶和華聽見了你的苦情。12 他為人必像野驢。他的手要攻打人,人的手也要攻打他;他必住在眾弟兄的東邊。」

白綿羊[雅各]，前者又生了許多公野豬，但那綿羊卻生了十二隻綿羊[以色列十二支派]。

89:13 當那十二隻羊長大，它們便把它們中間的一隻[約瑟]交給了野驢，那些野驢又把那羊交給了狼群[埃及人]；那羊便在狼群中間長大。

89:14 主把那十一隻羊帶來好與它同住[144]，並在狼群中間與它一同吃草；於是它們繁增，並成了許多羊群。[145]

89:15 狼群便開始恐嚇它們，欺壓它們，直到毀滅它們中間幼小的，並把它們的幼崽扔入大水的河裡；那些羊便因它們的小子們哭求，向它們的主訴苦。

89:16 有一隻從狼群中被救起的羊[摩西]逃走，並且逃到野驢那裡。我看見羊群如何悲嘆哭喊，竭力懇求它們的主，直到羊群的主，聽見羊群的聲音，從一崇高的居所降臨，來到它們那裡，牧養它們。

89:17 並且祂呼叫那隻逃離狼群的羊[摩西]，向它講說關乎那狼群的事，要它警戒狼群不可觸碰那羊群。

89:18 這隻羊[摩西]照著主的話到狼群那裡去，有另一隻羊[亞倫]與它相會，並與它同去。它們一同前去並進到狼群的

---

[144] 創世記 46:7 雅各把他的兒子、孫子、女兒、孫女，並他的子子孫孫，一同帶到埃及。

[145] 出埃及記 1:7 以色列人生養眾多，並且繁茂，極其強盛，滿了那地。

聚集之所，向牠們說話，又從那時起警戒牠們，叫牠們不可觸碰那羊群。

89:19 於是，我觀看狼群，見牠們如何極力欺壓羊群，於是羊群大聲哭求。

89:20 主就來到羊群那裡，他們開始擊打那些狼群；狼群開始作起哀歌，羊群卻變得安靜，從那時起不再哭喊。

89:21 我觀看羊群，直到它們離開那狼群；然而狼群的眼睛卻被弄瞎，它們用盡全力，出去追趕羊群。

89:22 群羊之主[耶和華]與它們[羊群]同去，作它們的領袖，並且祂所有的羊都跟隨祂；祂的臉光彩奪目又榮耀，令人不敢注視。

89:23 狼群開始追趕那些羊，直到它們抵達一片海水[紅海]。

89:24 那海被分開，水在它們面前兩邊站立。它們的主引領它們，並使祂自己站在它們和狼群中間。

89:25 當那些狼群尚未看見羊群的時候，羊群就進到那海中間；然而狼群卻尾隨羊群，在它們後面奔跑，進入那海[146]。

89:26 當牠們看見群羊之主的時候，牠們從祂面前轉身逃跑；然而那海卻聚集自己，變回它被造的原樣，那水漲起又上升，直到它淹蓋了那些狼群。

---

[146] 出埃及記 14:23 埃及人追趕他們，法老一切的馬匹、車輛，和馬兵都跟著下到海中。

89:27 我觀看，直到所有追趕那些羊的狼群被滅絕和淹沒。

89:28-40 以色列在曠野，律法的頒賜，進入應許之地

89:28 羊群卻逃離那水，進到曠野，那裡無水無草。它們開始打開它們的眼睛並得以看見，我見羊群之主牧養它們，賜它們水草，並且那隻羊[摩西]引領它們。

89:29 那隻羊[摩西]登上一高岩之頂，群羊之主差它到羊群中間去。

89:30 在那之後，我看見群羊之主站在它們面前，祂的形像偉大可畏又威嚴，那些羊全都看見祂，並在祂面前懼怕。

89:31 它們都因祂恐懼戰兢；它們向那隻與它們同在的羊[摩西]呼求：「我們無法在我們的主面前站立，或注視祂。」

89:32 那隻引領它們的羊[摩西]，再次登上那岩石之頂；但那羊群開始被弄瞎，並偏離祂所指示給它們的道路[147]，然而那隻羊[摩西]卻不知道。

89:33 群羊之主對它們極其忿怒，那隻羊[摩西]獲悉，便從那岩石頂下來，到羊群那裡，看見它們多半眼瞎並迷失。

89:34 及至它們看見它的時候，它們就在它面前害怕戰兢，並盼望可以回到它們的圈裡。

89:35 那隻羊[摩西]召了其他的羊一起，到那些迷失的羊那裡，並且開始擊殺它們；群羊盡都懼怕。此後那隻羊[摩西]把

---

[147] 指以色列人在曠野鑄造並膜拜金牛犢的事件。

那些迷羊帶回，它們便回到它們的圈中。

89:36 我在此異象中觀看，直到那羊變成人，並且為群羊之主建造了一個居所[會幕]，又將群羊[以色列民]全安置在那居所中。

89:37 我觀看，直到與帶領它們的羊先前相會的那隻羊[亞倫]睡了。我又觀看，直到所有的大羊遭遇毀滅，小羊興起取代它們，然後它們來到一片草場，靠近一條河。

89:38 然後，那已變成人的羊[摩西]，就是它們的領袖，離開它們，並且睡了，全羊群都尋找它，且為它悲傷痛哭。

89:39 我觀看，直到它們不再為那隻羊哀哭，並越過了那河[約旦河]。從那裡興起那兩隻羊[或譯：其他的羊，卽約書亞和衆士師]成為領袖，代替那些過去帶領它們但已睡了的衆羊。

89:40 我觀看，直到羊群來到一美好之地，一令人喜悅又榮耀之地。我觀看，直到那些羊飽足。那居所[會幕]坐落在他們中間，在那令人喜悅之地。

89:41-50 從士師時代到聖殿建立

89:41 它們的眼目有時開啓，有時昏瞎，直到另一隻羊[撒母耳]興起引領它們，把它們都帶回。它們的眼目就被開啓。

89:42 有狗、狐狸和公野豬[148]開始吞吃那些羊，直到群羊之主從它們中間興起一隻公綿羊[掃羅]來引領它們。

89:43 那公綿羊[掃羅]便開始在這邊和那邊抵撞那些狗、狐狸和公野豬，直到他把它們盡都毀滅。

89:44 那隻眼目被開啓的羊[撒母耳]，觀看那在羊群中間的公綿羊[掃羅]，直到它棄絕了自己的榮耀，並開始抵撞那些羊，又踐踏它們，多行不義。

89:45 群羊之主[耶和華]差那羔羊[撒母耳]到另一隻羔羊[大衛]那裡，並興起它成爲公綿羊和羊群的首領，代替那棄絕自己榮耀的公綿羊[掃羅]；但在這一切事發生之際，那些狗一直在欺壓那羊群。

89:46 它[撒母耳]就到它[大衛]那裡，單獨對它說話，並興起它[大衛]成爲公綿羊，使它成爲那羊群的君王和首領。此時，有狗起來欺壓羊群。

89:47 第一隻公綿羊[掃羅]便追趕第二隻公綿羊[大衛]，那第二隻公綿羊就起來，並在它面前逃離，我觀看，直到那些狗推倒第一隻公綿羊。

89:48 那第二隻羊[大衛]就興起，並開始引領那[小]羊群，那公綿羊又生了許多羊，後來就睡了；有一隻小羊[所羅門]取

---

[148] 摘錄 George H. Schodde *The Book of Enoch* 第 106 頁 89:42 附註：狗是非利士人（參見 89:46-47），野豬是以東人（參見 12 節），狐狸，可能是亞瑪力人。

代它變成了公綿羊，並成為那些羊的君王和首領。

89:49　那些羊長大並繁增；而一切的狗、狐狸和公野豬都懼怕，從它面前逃跑。並且那公綿羊[所羅門]抵傷並殺了那些野獸，那些野獸在那羊群中便不再有任何力量，也無法再能掠奪它們。

89:50　那居所[或譯：<u>房子</u>][149]變得偉大寬敞，它是為那些羊而建。(並且)有一偉大崇高的<u>塔</u>[所羅門所建的聖殿]建在那<u>居所</u>[耶路撒冷][150]之上，為著群羊之主，那居所雖矮，但那塔卻是被升高，並且是極高的。群羊之主站在那塔上，它們在祂面前獻上全筵席。

89:51-67　以色列和猶大兩國，到耶路撒冷被毀

89:51　我再次觀看那些羊，它們再度犯錯，走向許多道路，又離棄它們的家；群羊之主從羊群中呼召一些羊[眾先知]，差遣它們到那羊群中，然而那羊群卻開始殺害它們。

---

[149] 摘錄 George H. Schodde *The Book of Enoch* 第 106 頁 89:50 附註：毫無疑問，這座塔就是聖殿；但是房子是什麼？從 89:36 和 89:40 可以看出它是會幕，但是如果我們注意到在 89:66 和 89:72 中，即使在被擄之後，這所房子仍然存在，當時既沒有聖殿也沒有會幕，而且 89:72 談到了房屋的重建，那麼毫無疑問，可以理解是耶路撒冷，作為以色列敬拜的中心點。

[150] 歷代志下 6:6 但選擇耶路撒冷為我名的居所，又揀選大衛治理我民以色列。

89:52 它們其中一隻[以利亞]得了拯救，未遭殺害，它就加速逃離，又對那羊群大聲呼喊。它們想要殺它，然而群羊之主卻將它從那羊群手裡救出，又把它[以利亞]帶給我[以諾]151，並使它居住在那裡。

89:53 神又差了許多其他的羊[衆先知]到那些羊那裡，向它們作見證，又爲它們舉哀[北國以色列滅亡]。

89:54 在那之後，我看見，當它們離棄主的居所[耶路撒冷]和祂的塔[聖殿]，它們就完全走迷，眼睛都被弄瞎。我又見群羊之主如何在它們中間在它們的牧人中興起殺戮，直到那些羊引起那殺戮，並背叛祂的住處。

89:55 祂便把它們交在衆獅子、老虎、狼和鬣狗的手中，又把它們交在衆狐狸並一切野獸的手中。那些野獸便開始撕裂那些羊。

89:56 我看見祂離棄它們的居所[耶路撒冷]和它們的塔[聖殿]，並把它們交在衆獅和一切野獸的手中，去撕碎和吞噬它們。152

89:57 於是我開始用盡全力大聲呼喊，懇求群羊之主，爲羊的

---

151 以利亞與以諾皆活著被提到天上，此處顯示以利亞與以諾同住。列王記下 2:11 他們（先知以利亞和以利沙）正走著說話，忽有火車火馬將二人隔開，以利亞就乘旋風升天去了。

152 北國以色列於西元前 722 年亡於亞述，南國猶大於西元前 586 年亡於巴比倫，耶路撒冷和聖殿皆遭焚燒。

事向祂申述，它們被一切的野獸吞噬了。

89:58 但祂仍不為所動，儘管祂看見了，卻歡喜它們被吞噬、被吞吃、被搶奪，並把它們交在一切野獸的手中被吞噬。

七十位牧人

89:59 祂召了七十位牧人[153]來，把那些羊丟給他們，好叫他們牧養它們。祂又對牧人和他們的同伴說：「從今以後、你們各人要牧養羊群，凡我所吩咐你們的，你們都要遵行。

89:60 我要按當有的數目把它們交給你們，又告訴你們，其中要滅的是誰。你們就要殺滅它們。」祂就把那些羊交給他們。

89:61 祂召了另一位[米迦勒]來，對他說：「當察驗並記錄眾牧人向群羊所行的一切事，因為他們所滅的，會比我所吩咐的還多。

89:62 凡藉著牧人所行的一切過分和殘害的事，你要(按名)記下，就是他們照我的命令滅了多少，又有多少是照著他們自己的任性所滅，又要記下各個牧人所行的一切殘害。

89:63 要在我面前大聲念出他們所殺滅的數目，以及他們交付毀滅的數目，我就可以有此作為反對他們的見證，又知道牧人一切所行的，使我明白他們所行的，看他們是否遵行我所吩咐他們的命令。

---

[153] 這是 70 位王，詳見 89:65-66 和 90:1 等章節。

89:64 但他們不應該知道此事，你也不應該將此向他們陳明，也不應該告誡他們，只當記錄各牧羊人在他的時期所做的一切毀滅，並把這些都擺在我面前。」

89:65-66 從猶大王羅波安到西底家[154]

89:65 我觀看，直到那些牧人在他們的季節牧養時，他們開始殺害毀滅超過他們被吩咐的，又把那些羊交付眾獅之手。

89:66 於是眾獅子和老虎吞吃那些羊的多半，連公野豬們也與牠們同吃；牠們燒毀了那塔[所羅門所建的聖殿]，又拆毀了那居所[耶路撒冷]。

---

[154] 根據 Ken Johnson *Ancient Book of Enoch* 第 127 頁副標，共 20 位牧人。

下表譯自 Ken Johnson *Ancient Book of Enoch* 第 127 頁
附表

1	羅波安
2	亞比央[亞比雅]
3	亞撒
4	約沙法
5	約蘭
6	亞哈謝
7	亞他利雅
8	約阿施
9	亞瑪謝
10	烏西雅[亞撒利雅]
11	約坦
12	亞哈斯
13	希西家
14	瑪拿西
15	亞們
16	約西亞

17	約哈斯
18	約雅敬
19	約雅斤
20	西底家

89:67 我因那塔[聖殿]就極其悲傷，因為那羊群的居所[耶路撒冷]被拆毀了；此後我便不能看見那些羊群是否進入那居所。

89:68 衆牧人和他們的同伴把那些羊交在一切野獸手裡，任其吞吃它們。他們中的每一位都在他的時期中領受一定的數目；另一位也在一個冊上記錄了他們每一位所滅的數目。

89:69 各牧人所殺害和毀滅的數目都超過所囑咐的，因那些羊的緣故，我就開始哭泣哀痛。

89:70 我在異象中也看見記錄的那一位，見他如何逐日記載遭那些牧人所滅的每一隻羊。他將整本冊子提交並展示給群羊之主—(甚至)牧人所行的一切事，以及他們各人殺滅的所有數目，並他們交付毀滅的所有數目。

89:71 那冊子在群羊之主的面前被唸出來，祂就從他手中接過那冊子，讀了，封上，然後放下。

89:72 我立即看見眾牧人如何牧養**十二小時**[155][請詳下表]，看哪，那些羊中有三隻[所羅巴伯、以斯拉、尼希米]轉回，進來，開始把那房子[耶路撒冷]裡所倒塌的一切都建造起來；然而卻有公野豬們試圖要攔阻它們，但牠們卻不能。

---

[155] 摘錄 Ken Johnson *Ancient Book of Enoch* 第 128 頁附註 N：牧人放牧時有兩次中斷。在前 20 位牧人統治後，有 11 個外邦勢力的統治。接下來是 14 位牧人統治。最後一個中斷則是羅馬帝國的統治，直到最後第 35 位牧人統治。12 次（外邦王國）統治綿羊。

下表譯自 Ken Johnson *Ancient Book of Enoch* 第 129 頁
附表 1

12 小時 ： 外邦勢力統治時期		
1	巴比倫帝國	尼步甲尼撒到伯沙撒
2	波斯帝國	古列（居魯士）
3	希臘帝國	亞歷山大大帝
4	托勒密（Ptolemaic）帝國	托勒密一世
5	塞琉古(Seleucid)帝國	安提阿哥二世
6	托勒密帝國	托勒密三世
7	塞琉古帝國	安提阿哥三世
8	托勒密帝國	托勒密四世
9	塞琉古帝國	安提阿哥三世
10	托勒密帝國	托勒密五世
11	塞琉古帝國	安提阿哥四世
插入：馬加比王朝[哈斯摩尼王朝，即第 21-30 位牧人，請詳之後附表]		
12	羅馬帝國	該撒[凱撒]

89:73 它們再次像從前那樣建造，它們便立起那塔，把它叫作高塔；它們在高塔前擺設桌子，然而放在上面的餅卻都是污穢不潔淨的[156]。

89:74 因觸摸這一切的事，那些羊的眼睛便被弄瞎，不能看見，它們的牧人也是如此；他們把更多的羊交付毀滅，又用腳踐踏羊群，並且吞吃它們。不能看見。牧羊的眼睛也是這樣瞎了。大量的羊被交給它們的牧人殺滅，他們用腳踐踏羊群，並吞吃它們。

89:75-77 從馬加比統治到羅馬帝國[157]

89:75 而群羊之主仍不爲所動，直到所有的羊被分散在田間[158]，與牠們(即野獸)混在一起，他們(即牧羊人)也沒有救它們脫離衆野獸的手。

---

[156] 摘錄 Ken Johnson *Ancient Book of Enoch* 第 128 頁附註 O：安提阿哥四世藉著在祭壇上用豬獻祭而污穢了第二聖殿。它就荒涼了 3 年。然後，馬加比王朝重新控制了以色列的控制權，潔淨並重新獻上聖殿。這就是光明節時所紀念的。

[157] 根據 Ken Johnson *Ancient Book of Enoch* 第 129 頁副標，卽第 21-34 位牧人。

[158] 根據維基百科，主後 135 年猶太人在猶太行省的巴爾柯赫巴起義被鎮壓以後，羅馬人把所有猶太人由猶太行省驅逐出，同時將該地重新命名爲「巴勒斯坦」(Palestine)，將耶路撒冷改名爲愛利亞加比多連，自此猶太人開始近二千年的大流散。只有少數的猶太人能躲在巴勒斯坦的山區，才能依然住下去。

89:76 寫那冊子的這一位，帶著那冊子上去，在群羊之主面前展開又念了出來，爲它們的緣故向祂懇求，哀求祂，將牧人們所行的一切事指給祂看，又在祂面前作見證控告所有這些牧人。

89:77 他拿了那冊子，把它放在祂旁邊，就離開了。

下表譯自 Ken Johnson *Ancient Book of Enoch* 第 129 頁附表 2，其中第 31-34 位牧人是在羅馬帝國統治的時候

21	猶大‧馬加比
22	約拿單‧馬加比
23	西門‧塔西[西門‧馬加比烏斯]
24	約翰‧海卡努斯
25	猶大‧亞里斯多德一世
26	亞歷山大‧詹納烏斯
27	莎樂美‧亞歷山德拉
28	海卡努斯二世
29	亞里斯多德二世
30	安蒂岡努斯二世（以上到此爲馬加比王朝）
31	大希律王
32	希律‧亞基老
33	希律亞基帕一世
34	希律亞基帕二世（31-34 爲希律王朝）

第九十章

90:1 我觀看，直到三十五位牧人以此方式牧養(那羊群)，他們個別地完成了他們的時期，像第一個牧人一樣。又有其他人將它們納入手中，為著他們的時期牧養它們，每個牧人在他自己的時期。

下表譯自 Ken Johnson *Ancient Book of Enoch* 第 130 頁附表

在第 12 小時	羅馬帝國統治下
第 35 位牧人	西門·巴爾·科赫巴[159]

90:2 在那之後，我在異象中看見天上一切的飛鳥前來：老鷹、禿鷹、鳶和烏鴉；老鷹領著眾鳥；牠們開始吞吃那些羊，啄出它們的眼睛，吞吃它們的肉。

90:3 羊群大聲哭求，因為它們的肉正被飛鳥吞吃。至於我，我在睡夢中觀看並為牧養羊群的那牧人哀哭。

---

[159] 羅馬於西元前 65 年控制了以色列，但允許他們擁有自己的王。在第 34 位牧人亞基帕二世之後，以色列沒有王。第二聖殿在西元 70 年被摧毀。西元 132 年，西門·巴爾·科赫巴領導了一場叛亂，導致了一個為期 3 年的以色列獨立國家。羅馬人最終摧毀並驅散了猶太人，應驗了彌迦書第 5 章和但以理書第 11 章的預言。

90:4 我觀看，直到那些羊被眾狗，鷹和鳶吞吃，牠們不留肉，皮或筋在它們身上，直到只剩它們的骨頭立在那裡。它們的骨頭也掉到地上[160]，羊群的數目就變得極少。

現代以色列--23 位牧人[161]

90:5 我觀看，直到那二十三位[牧人]已牧養，並在他們各自的時期完成，共五十八次[或譯：當他們完成他們的時期時，他們已牧養五十八次]。[162]

以下摘錄 Ken Johnson *Ancient Book of Enoch* 第 131 頁**對 23 位牧人的註解**：

這只能以下三種方式中的一種來解釋：

- 將有 23 位總理，他們擁有 58 屆任期，其中一些人將連任或重複當選。..
- 58 屆以色列政府將有 23 位總理。…

---

[160] 以西結書 37:9 主對我說：「人子啊，你要發預言，向風發預言，說主耶和華如此說：氣息啊，要從四方（原文是風）而來，吹在這些被殺的人身上，使他們活了。」 10 於是我遵命說預言，氣息就進入骸骨，骸骨便活了，並且站起來，成爲極大的軍隊。 11 主對我說：「人子啊，這些骸骨就是以色列全家。」

[161] 根據 Ken Johnson *Ancient Book of Enoch* 第 131 頁副標，即從 1948 年起。

[162] 有一說法爲之前的 35 位牧人，加上此 23 位，合共 58 位牧人。

- 58 屆政府將有 23 個任期。..

    最直接的解讀應該是 58 屆任期內的 23 位總理。]

下表主要根據 Ken Johnson *Ancient Book of Enoch* 第 132 頁之附表，並已按維基百科從過去至 2023 年 7 月底止歷任以色列總理的名單更新，依此資料，在過去 75 年的時間裡，有 13 名男性統治 32 屆政府的 21 個任期。

順序	以色列總理	歷屆議會期	歷屆政府
1	大衛·本-古里安	1-2,3-5	1-4,7-10
2	摩西·夏里特	2	5-6
3	列維·艾希科爾	5-6	11-13
4	伊加爾·阿隆(代理總理不到一個月,卽因心臟驟停逝世)	6	13
5	戈爾達·梅爾	6-8	14-16
6	伊扎克·拉賓	8,13	17,25
7	希蒙·佩雷斯	11,13	17,21,25-26
8	梅納罕·比金	9-10	18-19
9	伊扎克·沙米爾	10,11-12	20,22-24

10	**班傑明·納坦雅胡**	14,18-23,**25**	27,32-35,**37**
11	埃胡德·巴瑞克	15	28
12	艾里爾·夏隆	16	29-30
13	艾胡德·歐麥特	16-17	30-31
14	納夫塔利·貝內特	24	36
15	亞伊爾·拉皮德	24	36
16			
17			
18			
19			
20			
21			
22			
23			

90:6 然而，看哪，那些白羊生出許多小羔羊[彌賽亞信徒]來，並且它們開始打開眼睛去看，並向那羊群[猶太教徒]呼喊。[163]

90:7 的確，它們[羔羊]向它們呼喊，羊群卻不側耳傾聽它們[羔羊]向它們所說的，卻是極其耳聾，它們的眼睛也極其眼瞎。

90:8 我在異象中看見，烏鴉[回教徒]如何飛在那些羔羊之上，取了其中一隻，又摔碎羊群，並吞吃它們。

90:9 我觀看，直到有角從那些羔羊的頭上長出來，然而它們的角卻被烏鴉扔下。我又觀看，直到那些羊中的一隻的頭上長出大角，它們的眼目就開了。

90:10 它[這羊]看著它們，[它們的眼目就開了]。它向羊群呼喊，眾公綿羊就看見它，並且全都奔向它。

90:11 儘管這一切的事，那些鷹、禿鷹、烏鴉和鳶卻仍不停地撕碎羊群，俯撲它們，並吞吃它們：羊群卻仍靜默無聲，但公綿羊們卻哀哭呼求。

90:12 那些烏鴉與它[那隻頭上有大角的羊]爭戰，想要擊倒它的角，但牠們卻不能勝過它。

90:13 我觀看，直到全部[最後十二位]牧人、眾鷹、禿鷹和鳶前來，一起向烏鴉呼求，要擊碎那公綿羊的角。牠們起來

---

[163] 以上括弧內的定義是根據 Ken Johnson *Ancient Book of Enoch* 第 135 頁 90:6

與它爭戰，它也與牠們爭戰，並呼求它的幫助來到。[164]

90:14 我觀看，直到那人，就是記錄眾牧人之名且把冊子帶上去到群羊之主面前的，[他前來幫助它，又將一切的事給它看：他下來爲要幫助那公綿羊。]

90:15 我又觀看，直到群羊之主在烈怒中來到牠們那裡，凡看見祂的盡都逃跑，牠們全都在祂面前跌入祂的幽暗中。

90:16 所有的老鷹、禿鷹、烏鴉和鳶一同聚集，田野的全部羊群也都跟隨，它們前來聚集，彼此幫助，爲要擊碎那公羊的角。所有的鷹，禿鷹，烏鴉和鳶都聚集在一起，田野的綿羊也都來了，牠們都聚集在一起，彼此幫助要折斷那公綿羊的角。

90:17 我觀看那人，就是照主吩咐寫下那冊子的，直到他在群羊之主面前打開那冊子，論及那最後十二位牧人所行的毀滅，陳明他們所致的毀滅比其之前牧人們更甚。

90:18 我觀看，直到群羊之主來到牠們那裡，手中拿著祂忿怒的杖並擊打地，地就裂開了，那一切的野獸和空中的飛鳥，都從那羊群中墜落，並被地吞沒；然後它[地]就把它們蓋住。

90:19 我觀看，直到有一把大刀賜給那羊群，於是羊群出去攻擊田間一切的野獸並殺戮牠們，那一切野獸和空中的飛

---

[164] 以上括弧內的定義是根據 Ken Johnson *Ancient Book of Enoch* 第 136 頁 90:13

鳥，就都在它們面前逃跑。

90:20-27 對墮落天使、牧羊人和背道者的審判

90:20 我觀看，直到有一寶座被立在佳美之地，群羊之主親自坐在那上面。另一位拿了那些封閉的書卷來，又在群羊之主面前打開了。

90:21 主召來那些人，就是起初那七位潔白者，神吩咐他們將所有下體像馬的眾星都帶到祂面前，於是他們就從第一個帶路的星開始，把它們全都帶到祂面前。

90:22 祂告訴那在祂面前記錄的，就是那七位潔白者中的一位，祂對他說：「將那七十位牧人帶來，我曾把羊群交給他們，他們竟憑自己的權柄，殺了超過我所吩咐他們的。」

90:23 看哪，我看見他們都被捆綁，都站在祂面前。

90:24 審判先是臨到那些星星，於是它們受審，且被定罪，就去到定罪之地，它們就被扔入一個充滿火焰和火柱的深坑。

90:25 那七十位牧人也被審判並定罪，他們就被扔入那個燃燒的深坑。

90:26 那時我看見，一個同樣的深坑在地的中間[耶路撒冷或橄欖山]被打開，裡面滿了火，他們把那些眼瞎的羊也都帶來，它們全都受審，且被定罪，就被扔入這個燃燒的深坑[欣嫩子谷]裡，它們被火焚燒。那坑就在那居所[耶路

撒冷]的右邊[南方]。[165]

90:27 我看見那些羊被火焚燒，它們的骨頭也燃燒著。

90:28-38 新耶路撒冷，倖存外邦人改信，義人復活，彌賽亞

90:28 我站立觀看，直到他們把舊居所折起來[或譯：使舊居所倒下]，又將一切柱子移到遠處，所有棟梁和居所的裝飾也同時與它[舊居所：耶路撒冷]被折起來。他們把它移到遠處，把它放在一處，在那地的南方。

90:29 我觀看，直到群羊之主帶來一個新居所[新耶路撒冷]，比先前的更大更高，把它安置在舊居所被折起之處。它[新居所]一切的柱子都是新的，它的裝飾也是新的，比先前被祂帶走的那居所的更大。所有的羊都在它[新居所]裡面。

90:30 我看見一切先前離開的羊，並地上所有的走獸，和天空全部的飛鳥，都俯伏在那群羊面前下拜，向它們致敬並祈求，且在一切事上順服它們。

90:31 此後，那三位穿白衣的，就是從前抓住我[以諾]的手帶我上升的，並那隻公綿羊[以利亞]的手也將我抓住，他們帶我上升，並在審判發生之前把我安放在那些羊中間。[166]

---

[165] 以上括弧內的定義是根據 Ken Johnson *Ancient Book of Enoch* 第 138 頁 90:26

[166] 以上括弧內的定義是根據 Ken Johnson *Ancient Book of Enoch* 第 139 頁 90:31

90:32 那些羊全都潔白，它們的羊毛豐厚又潔淨。

90:33 那一切已被殺滅的和四散的、田間一切的野獸，並空中所有的飛鳥，都在那居所中聚集。群羊之主極其歡喜，因爲它們盡都美好，且都已回到祂的居所中。

90:34 我觀看，直到它們放下所賜給那羊群的刀，它們把它[那刀]帶回到那居所[新耶路撒冷]中，它在主面前被封上。全部的羊都被邀請進入那居所，但它[那居所]好像容不下它們全部。羊多得連房子也容不下他們〔全體〕。[167]

90:35 它們的眼目全都被打開，它們看的清楚，它們之中沒有一個看不見的。

90:36 我看見那居所甚大且寬，又很滿。

90:37 我看見有一隻白公牛生出來[彌賽亞國度誕生]，它的角甚大，一切的野獸和空中的飛鳥都懼怕它，又不斷向它祈求。[168]

90:38 我觀看，直到它們所有的世代都被更新變化，且都成了

---

[167] 以賽亞書 2:2 末後的日子，耶和華殿的山必堅立，超乎諸山，高舉過於萬嶺；萬民都要流歸這山。 3 必有許多國的民前往，說：來吧，我們登耶和華的山，奔雅各 神的殿。主必將祂的道教訓我們；我們也要行祂的路。因爲訓誨必出於錫安；耶和華的言語必出於耶路撒冷。

[168] 以上括弧內的定義是根據 Ken Johnson *Ancient Book of Enoch* 第 140 頁附註 J

白公牛。它們中間的第一隻成了一隻羔羊[或譯：一句話]，並且那羔羊[那話]成了一隻偉大的動物，有大黑角[複數]在它頭上。群羊之主因它和也因所有的牛歡喜。[169]

90:39 我就睡在他們中間。我醒了，就看見一切。

90:40 這就是我在睡夢中所見的異象，我醒來，就稱頌那公義之主，並將榮耀歸給祂。

90:41 然後，我就放聲大哭，淚流不止，直流到不能再流。我觀看，並因我所看見的而流下眼淚。因為一切的事都必發生，並且成就，而世人所行的一切事，也都照著次序顯明給我看。

90:42 那晚我記起我第一個夢，就因它的緣故哀哭，且擾亂不安，因為我見了那異象。

---

[169] 以上括弧內的定義是根據 Ken Johnson *Ancient Book of Enoch* 第 140 頁 90:38 的翻譯和附註 K：約翰福音 1:1 太初有話，話與　神同在，話就是　神。

91-108 章 本書的結尾

第九十一章　　　91:1-11,18-19 以諾對他兒女們的告誡

91:1 我兒瑪土撒拉啊，現在你要將你所有弟兄召來，將你母親一切眾子都聚集到我這裡來。因為那話呼召我，那靈正澆灌在我身上，使我可以指示你們那將要發生在你們身上的一切事，直到永遠。

91:2 就在那裡，瑪土撒拉就去把他所有的弟兄都請來，又招聚他的親屬。

91:3 他[以諾]就對一切公義的兒女們說：「以諾的兒女們哪，當聽你們父親一切的話，要正確地側耳傾聽我口中的聲音，因為我勸你們說，蒙愛的，要愛正直，並行在其中。

91:4 當親近正直的時候，切不可有二心，也不可與心持兩意的人聯合，我眾子啊，卻要行在正直中，如此它必引你走善路，正直必成為你的同伴。

91:5 因為我知道暴力必在地上加增，然而一極大的懲罰必在地上執行，一切不義必要終結。的確，它必從它的眾根被剪除，它的整個結構也必遭毀滅。

91:6 不義必再滿盈在地上。一切不義、強暴和過犯的事、必加倍得勝。

91:7 當一切行為中的罪、不義、褻瀆和強暴加增，當背道、過

犯和不潔加增，必有一極大的懲罰從天降下臨到這一切。聖潔的主必帶著忿怒和刑罰前來，在地上施行審判。[170]

91:8 當那些日子，強暴必從其眾根被剪除，所有不義和詭詐之根也必被剪除，它們必從天下被消滅。

91:9 所有外邦偶像必都見棄，其廟宇必被用火焚燒，它們必從全地被除滅。他們[即不信之人]必被扔在審判之火中，並在忿怒和嚴厲的審判中滅亡。

91:10 義人必從睡夢中醒來[171]，智慧必然興起，且要賜給他們。

91:11 在那之後，所有不義之根必被剪除，罪人必遭刀劍毀滅…必從各處的褻瀆之人中被剪除，那些圖謀強暴之人和那些行褻瀆之人都必被刀劍滅盡。

[根據 George H. Schodde _The Book of Enoch_ 第 113 頁 91:12-17 附註：91:12-17 關於最後三週的預言應被視爲 93:14 之後，故將其置於 93 章]

91:18 如今我要告訴你們，我眾子啊，我把眾公義之路和眾強

---

[170] 主耶穌基督的再來，猶大書 1:14 亞當的七世孫以諾，曾預言這些人說：「看哪，主帶著祂的千萬聖者降臨，15 要在眾人身上行審判…。

[171] 啓示錄 20:5 這是頭一次的復活。（其餘的死人還沒有復活，直等那一千年完了。）6 在頭一次復活有分的有福了，聖潔了！第二次的死在他們身上沒有權柄。他們必作神和基督的祭司，並要與基督一同作王一千年。

暴之路都指示你們。的確，我將再次將它們向你們顯明，好使你們知道將要發生的事。

91:19 現在你們要側耳聽我，我眾子啊，要行在眾公義之路中，不要行在眾強暴之路中，因為凡行在眾不義之路中的必永遠滅亡。

第九十二章

92:1 以諾所寫的書--[以諾寫了這完整的智慧教訓，是眾人所稱讚的，也是全地的審判]為我將住在地上的所有子孫，也是為那應當持守正直及平安的未來諸世代。

92:2 不要讓你的靈因時間的緣故受攪擾，因為那聖潔至大者已經為萬事定了日子。

92:3 義人必從睡夢中醒來，必定興起且行在眾公義之路中，他一切的道路和談論，必在永遠的美善和恩典中。

92:4 祂必向義人施恩，賜他永遠正直，又賜他能力。好使他被賦予美善和公義，並且他必行在永遠的光中。

92:5 罪必在黑暗中滅亡，直到永遠，從那日起，必永不再被看見。」

第九十三章 十週預言[172] [173]

93:1 在那以後，以諾便開始照著書[複數]仔細敍述。

93:2 以諾說：「論到公義的兒女們，論到世上的選民，論到那正直的苗，我要講說這些事，我眾子啊，的確，我以諾，要將[它們]對你們宣告，照著在那屬天異象中向我顯示的，和我藉著聖天使們的話所知道的，以及從天上的書版上所學到的。」

93:3 以諾開始照著書[複數]詳述說：「在第一週，我生爲第七[代][174][或譯：我生在第七天]，那時公正和公義尚存。

93:4 在我以後，第二週必有極大的邪惡[175]出現，詭詐也必迅速增長。在此期間必有第一個終局[大洪水]，在此期間必有

---

[172] 摘錄 Ken Johnson *Ancient Book of Enoch* 第 143 頁附註 D：將有 10 個 700 年的週期；一天代表一世紀，卽 100 年。

[173] 惟按照本書中的太陽曆法，每年爲 364 天，所以與現今按 365 天爲一年的算法不同，所以週期預言的年數也不同於我們歷史上的年數。

[174] 摘錄 Ken Johnson *Ancient Book of Enoch* 第 143 頁附註 E：以諾生於創造後第 622 年或西元前 3303 年。第一週的第七天應爲創造後 600-700 年間。

[175] 摘錄 Ken Johnson *Ancient Book of Enoch* 第 143 頁附註 F：極度邪惡從第一週開始。此邪惡的結果是大洪水，該洪水發生於創造後第 1656 年或西元前 2269 年，在第三週開始時發生。神與挪亞於洪水後立約。

一人[挪亞]得救。過了此週,不義必加增,必有一律法爲罪人而設。

93:5 在那之後,在第三週的末了,必有一人[亞伯拉罕]蒙揀選,成爲公義審判的苗裔,他的後裔必成爲那公義的苗,直到永遠。

93:6 在那之後,在第四週末了,聖潔公義的異象必被看見,並有一律法[摩西律法]爲著萬代,又有一圍場[會幕]爲他們而設。[176]

93:7 在那之後,在第五週的末了,那榮耀和權能的殿必被建造[177],直到永遠。

93:8 在那之後,在第六週,凡活在此期間的人都必眼瞎。他們的心都必不虔地離棄智慧。在此期間必有一人[主耶穌基督]升高[178],而在此期間的末了,那權能的殿必被用火焚燒,蒙揀選之根的全族都要被驅散[179]。

---

[176] 以上括弧內的定義是根據 Ken Johnson *Ancient Book of Enoch* 第 144 頁 93:5-6 的翻譯。

[177] 所羅門完成建殿。

[178] 摘錄 Ken Johnson *Ancient Book of Enoch* 第 144 頁附註 K: 創造後 3957 年或西元後 32 年主耶穌基督升天。

[179] 摘錄 Ken Johnson *Ancient Book of Enoch* 第 145 頁附註 L: 創造後 3995 年或西元後 70 年聖殿被燒毀。創造後 4057 年或西元後 132 年在西門·巴爾·科赫巴的革命後,羅馬帝國將以色列人

159

93:9 在那之後，在第七週，必有背道的世代興起。期間所行甚多，但全都是背道。

93:10 在其末了，那蒙揀選的義人，就是出自那永遠公義樹的，必領受關於祂所有創造的七倍教訓。

93:11 [因為世人中，有誰能聽見那聖者的聲音而不受驚擾呢？能想到祂的意念呢？有誰能察看天上一切的作為呢？

93:12 如何有人能觀看天堂呢？有誰能明白天上的事，看見一個魂或靈，又將它明白說出，或升上並看見他們的一切結局，並像他們一樣思考或行事呢？

93:13 世人中誰能知道地的長寬呢？它一切的度量曾向何人指明呢？

93:14 或有誰能分辨天的長度，它的高度多高，它的根基在那？眾星的數目有多少，眾發光體都在那裡歇息呢？]

91:12-17 最後三週

91:12 在那之後，必另有一週，就是公義的第八週，必有一刀劍被賜給它，公義的審判必執行在欺壓者身上，而罪人必被交在義人手裡。[180]

驅散離開聖地。

[180] 摘錄 Ken Johnson *Ancient Book of Enoch* 第 146 頁附註 P：在此時期(創造後 4901-5600 年或西元後 975-1675 年)，改革宗接管了許多天主教堂，並拆毀其中的偶像，這些教堂就變成了他們

91:13 在此期間的末了，他們必藉自己的義得房屋，又必爲那大君王在榮耀中建殿，直到永永遠遠，並且全人類必仰望那正直的路。

91:14 在那之後，在第九週，公義的審判要向全世界顯明，不信神之人的一切作爲，必從全地消滅，世界也要被記錄下來，爲著毀滅。[181]

91:15 在這之後，在第十週的第七部分，將有永恆的大審判[182]，在此審判中，祂將在天使們[守望者們]中施行報復。

91:16 第一個天必要過去，歸於無有，新的天必要顯現[183]，天上的一切能力都必發出七倍的光。

91:17 在那之後，必有許多週，無法數算，直到永遠，且全都在美善和公義之中。罪必永不再被提起。

的敬拜之家。這也是以人民通用語言創造日內瓦和英皇欽定本聖經的時期。]

[181] 彼得後書 3:10 但主的日子要像賊來到一樣。那日，天必大有響聲廢去，有形質的都要被烈火銷化，地和其上的物都要燒盡了。

[182] 啓示錄 20:11 我又看見一個白色的大寶座與坐在上面的；從祂面前天地都逃避，再無可見之處了。12 我又看見死了的人，無論大小，都站在寶座前。案卷展開了，並且另有一卷展開，就是生命冊。死了的人都憑著這些案卷所記載的，照他們所行的受審判。

[183] 啓示錄 21:1 我又看見一個新天新地；因爲先前的天地已經過去了，那海也不再有了。

第九十四章　　　94:1-5 對義人的勸誡

94:1 如今我對你們說，我眾子啊，要喜愛公義並行在其中；因爲公義之路[複數]值得接受，但不義之路[複數]必突然被滅且消失。

94:2 強暴和死亡之路[複數]，必向一世代中的某些人揭露，他們必使自己遠離這些道路，不跟隨它們。

94:3 如今我對你們公義的人說：「不可行在邪惡不義之路[複數]，也不可行在死亡之路[複數]，不可靠近它們，免得遭受毀滅。

94:4 卻要尋求並爲自己選擇公義和蒙揀選的生命，又行在平安的路上，如此你必存活並興盛。

94:5 要將我的話持守在你們心中的意念中，不容它們從你們的心中被抹去，因爲我知道罪人必引誘世人極其惡待智慧，使智慧無處容身，試探也絲毫不減。

94:6-11 罪人有禍了

94:6 那些建造不義和欺壓，又以詭詐爲根基的人有禍了！因爲他們必突遭傾覆，不得平安。

94:7 那些以罪建造他們房屋的人有禍了！因爲他們必從其一切根基上被傾覆，必倒在刀下。 [憑審判得金銀的，必忽然滅亡。]

94:8 你們富人有禍了！因爲你們信靠你們的財富，你們必離開你們的財富，因在你們富足的日子裡，你們不曾紀念至高

者。

94:9　你們已行褻瀆和不義，並已爲那殺戮之日，那黑暗之日和那大審判之日預備好了。

94:10　因此我說，並對你們宣告：「那創造你們的必傾覆你們，你們的跌倒必無人憐恤，你們的創造主要爲你們的滅亡歡喜。

94:11　在那些日子，你們的義人必成爲罪人和不信神之人的羞辱。」

第九十五章 以諾的悲痛；罪人遭遇的新災禍

95:1　惟願我的眼如雲水，好叫我爲你哀哭，願我的眼淚如雲水傾下，好叫我止息心中的愁煩。

95:2　誰允許你們行羞辱和邪惡的事呢？有罪的人哪，審判必臨到你們。

95:3　你們義人哪，不要懼怕罪人，因爲主必再次把他們交在你們手中，好叫你們如願在他們身上施行審判。

95:4　你們這爆出不可逆之咒詛的人有禍了！因你們的罪，醫治必遠離你們。

95:5　你們這以惡回報鄰舍的人有禍了！因爲你們必照你們所行的遭報。

95:6　你們這說謊的見證人和那些稱量[重視]不義的人有禍了！

因為你們必突然滅亡。

95:7 你們罪人有禍了！因為你們逼迫義人。你們必因不公正的行為被交出並受逼迫，它的重軛必要壓在你們身上。

第九十六章 義人盼望的緣由；罪人之災禍

96:1 你們義人哪，要有盼望，因為罪人必在你們眼前突然滅亡，你們則必如願在他們身上作主掌權。

96:2 當罪人遭難的日子，你們的兒女必如鷹展翅上騰，你們的巢窩必比禿鷹的更高。在不義之人面前，你們必如蹄兔[或譯：狗魚]上升，進入地的裂縫和磐石的穴中，直到永遠。海妖們必因你們的緣故呻吟哀哭。[或譯：你們必升得比鷹巢還高（被提）。罪人必如蹄兔永遠進入地的罅隙和磐石的穴中。不義的人必因你哀號，哭號如海妖。][184]

96:3 因此，你們這受苦的不要懼怕，因為醫治必是你們的分，亮光必照耀你們，並且你們也必聽到天上來的安息之聲。

96:4 你們罪人有禍了！因為你們的財富使你們看似義人，然而你們的心卻指證你們是罪人。這事實必作反對你們的見證，紀念你們的惡行。

96:5 你們吞吃上好麥子、用大碗喝酒、用力踐踏卑微之人的人，

---

[184] 括弧內的翻譯係根據 Ken Johnson *Ancient Book of Enoch* 第150 頁 96:2 及附註 B。

有禍了！

96:6 你們從各泉源喝水之人有禍了！因爲你們離棄生命的泉源[185]，就必忽然被耗盡並枯萎。

96:7 你們行不義、詭詐和褻瀆之人有禍了！因爲你們的邪惡，這必作紀念反對你們。

96:8 你們大能者有禍了！你們憑能力欺壓義人；因爲你們毀滅之日臨近了。在那些日子，必有多又美好的日子臨到義人—在審判你們的日子。

第九十七章 爲罪人和擁有不義之財者所積存的災禍

97:1 你們義人哪，要相信，罪人必成爲羞愧，並在不義之日滅亡。

97:2 你們罪人哪，當知道，至高者記得你們毀滅之日，天上衆使者們也要因你們的滅亡喜樂。

97:3 罪人哪，你們當做什麼呢？在審判的那日，當你們聽到義人禱告的聲音，你們可逃往何處呢？

97:4 的確，你們必與他們一樣，就是那些有這話--「你們向來與罪人作伴。」--作證反對他們之人。

---

[185] 摘錄 Ken Johnson *Ancient Book of Enoch* 第 150 頁附註 E：耶立米書 2:13 因爲我的百姓做了兩件惡事，就是離棄我這活水的泉源，爲自己鑿出池子，是破裂不能存水的池子。

97:5 當那些日子，義人的禱告必達到主面前，至於你們，審判你們的日子必要臨到。

97:6 你們不義的言語必在那至大聖潔者面前被大聲唸出來，你們必滿臉羞愧，祂必棄絕一切基於不義的行爲。

97:7 你們住在海中和住在旱地的罪人有禍了！因爲海和地都記得你們的惡。

97:8 你們在不義中獲取金銀的人有禍了！你們說：「我們富足了，有了產業，我們所要的一切都得到了。

97:9 現在讓我們來行所謀的事吧，因爲我們聚斂了銀子，家中又有許多農夫，我們的糧倉也充滿如水。」

97:10 然而，你們的謊言也必如水流走。因爲你們的財富必不留住，必快速從你們上升。因爲你們這一切都是在不義中得的，你們必被交給大咒詛。

第九十八章 罪人的自我放縱；出自人類的罪；記錄在天堂的所有罪；罪人的苦難

98:1 現在我向你們起誓，向智慧人，也向愚昧人，因爲你們必在地上經歷許多事。

98:2 因爲你們男人必會比女人穿更多的妝飾，比處女穿更多的彩衣，有尊榮，有威儀，有金銀，紫色衣服，又有榮華，又有食物，但它們必被如水倒出。

98:3 因此，他們在教訓和智慧上必不足，必與他們的產業一同滅亡；他們一切的榮耀和華美，必隨同他們的靈，在羞愧、殺戮和大窮乏中，被丟入火爐裡。

98:4 罪人們哪，我向你們起誓，正如大山不曾變爲奴僕，小山也不會成爲婦人的婢女，如此，罪也不曾被差遣到在地上，卻是人自己創造了它。那些犯罪的必受大咒詛。

98:5 不孕未曾被賜給女人，而是因她手所行的[186]，她便至死無兒無女。

98:6 你們罪人哪，我已指著那聖潔至大者向你們起誓，你們一切的惡行都在諸天界裡被顯露出來，你們欺壓人的事沒有一件會被遮蓋和隱藏。

98:7 你們不要靈裡想，也不要心裡說，你們眞不知道，也眞沒看見，在至高者面前，每一罪行，天天都被記錄在天上。

98:8 從今時起，你們便知道，你們一切欺壓人的事以及你們用什麼欺壓，都天天被記錄下來，直到你們受審判的日子。

98:9 你們愚昧的人有禍了！你們必藉由你們的愚昧滅亡。因爲你們侵犯智慧人，所以好事必與你們無分。

98:10 如今你們當知道，你們是爲那滅亡之日所預備的。所以，你們罪人哪，不要指望活著，你們必離去且死亡，因爲你們知道沒有贖價。因爲你們是爲那大審判之日，爲你

---

[186] 摘錄 Ken Johnson *Ancient Book of Enoch* 第 152 頁附註 F：根據雅煞珥書 2:18-22 之記載，墮胎在大洪水之前就存在了。

們的靈的遭難和大羞辱之日所預備的。

98:11 你們心裡頑梗的人有禍了！你們作惡又吃血[187]：你們從哪裡得美物來吃喝飽足呢？乃是從耶和華，那至高者，已豐盛賜在地上的一切美物；因此你們必不得平安。

98:12 你們喜愛不義之事的人有禍了！你們為何為自己盼望好事呢？要知道你們必被交在義人的手裡，他們必割下你們的頸項，並殺戮你們，對你們毫無憐憫。

98:13 你們以義人的患難為樂的，有禍了！因為必不為你們鑿墳墓。

98:14 你們藐視義人言語的有禍了！因為你們必沒有生命的指望。

98:15 你們寫下謊言和不虔話語的人有禍了；因為他們寫下他們的謊言，要叫人聽從，並對鄰舍行不虔之事。

98:16 因此他們必沒有平安，也必忽然死亡。

---

[187] 利未記 17:14「論到一切活物的生命，就在血中。所以我對以色列人說：無論甚麼活物的血，你們都不可吃，因為一切活物的血就是他的生命。凡吃了血的，必被剪除。」

第九十九章 對不信神的人和違法者所宣告的災禍；罪人在末日的邪惡困境；進一步的災禍

99:1 你們這行不虔，以虛謊爲榮耀又誇口的人有禍了！你們必滅亡，必無快樂的生命。

99:2 凡曲解正直言語，干犯永遠律法，將自己變作無罪的人有禍了[188]。他們必被踐踏在地上。

99:3 在那些日子，你們義人哪，要預備好，把你們的禱告當作紀念，放在天使面前作見證，好叫天使把罪人的罪放在至高者面前作紀念。

99:4 在那些日子，列國都要被激動。在那毀滅之日，列國的萬族都要起來。

99:5 在那些日子，窮乏人必出去，奪走自己的兒女[或譯：窮乏人必墮胎又割碎自己的兒女]，他們必棄絕他們，以致他們的兒女必藉由他們而滅亡。是的，他們必丟棄尚在吃奶的兒女，不回到他們身邊，也不憐恤他們所愛的人。

99:6 你們罪人哪，我再一次向你們起誓，罪是爲那不斷流血之日預備的。

99:7 凡拜石頭，和金，銀，木，石，泥的雕像，以及凡不按知識而去拜污靈，鬼魔和各樣偶像的，必無法從牠們得幫助。

---

[188] 以賽亞書 5:20 禍哉！那些稱惡爲善，稱善爲惡，以暗爲光，以光爲暗，以苦爲甜，以甜爲苦的人。

99:8　他們必因心中的愚昧，而變得不敬虔，他們的眼必因心中的恐懼和夢中所見異象而被弄瞎。

99:9　他們因這些事要變得不敬虔又膽怯，因為他們在謊言中行事盡都錯謬，又膜拜石頭，所以他們必頃刻間滅亡。

99:10　但在那些日子，凡接受又明白智慧言語，謹守至高者的道路，行在祂公義路上，不與沒有神的人一同不敬虔的，就有福了，因為他們必得救。

99:11　你們向鄰舍散播邪惡的人有禍了！因為你們必要在陰間被殺戮。

99:12　你們這製作詭詐和虛假量器的，和那些在地上引起苦難之人，有禍了！因為他們必因此被全然滅絕。

99:13　你們藉別人慘痛苦工來建造自己房屋，一切建材都是罪惡磚石之人有禍了！我告訴你們，你們必不得平安。

99:14　凡離棄他們先祖的量器和永恆產業，自己的魂又隨從偶像之人有禍了！因為他們必不得安息。

99:15　凡行不義，幫助欺壓，又殺戮自己鄰舍，直到大審之日的人有禍了！

99:16　因為祂必將你們的榮耀扔下，使你們心裡受苦，又發烈怒，用刀劍將你們盡都除滅；凡聖潔和公義之人都要記念你們的罪過。

第一百章 罪人自相殘殺；對墮落天使的審判；義人的安全；罪人的進一步災禍

100:1 當那些日子，父子必同被殺在一處，兄弟一同倒斃，直到他們的血湧流如溪。

100:2 因爲人必不住手不殺自己的兒孫，罪人也必不向他敬重的兄弟住手，從黎明到日落，他們必彼此殺戮。

100:3 罪人的血必高到馬的胸前[189]，也必淹過戰車的高度。

100:4 在那些日子，天使們要降在隱密之處，將所有顯露[帶下]罪惡之人聚集到一處。當那審判之日，至高者要起來，在罪人中間施行大審判。

100:5 祂必從聖天使中指派守護者保護一切義人和聖人，保護他們如同保護眼中的瞳人，直到祂終結一切邪惡和罪惡。義人雖然長眠，也無所懼怕。[190]

100:6 那時，地上的兒女們必見智慧人安然無事，也必明白這書上的一切話，並且認識到他們的財富並不能救他們除掉他們的罪。

100:7 罪人們哪，你們有禍了！你們在大難的日子苦害義人，

---

[189] 摘錄 Ken Johnson *Ancient Book of Enoch* 第 156 頁附註 M：哈米吉多頓大戰，啟示錄 14:20 那酒醡踹在城外，就有血從酒醡裡流出來，高到馬的嚼環，遠有六百里。

[190] 摘錄 Ken Johnson *Ancient Book of Enoch* 第 156 頁附註 O：因著被提和復活。

又用火焚燒他們，你們必照自己所行的遭報。

100:8 你們心中頑梗，窺探爲要圖謀奸惡的人有禍了！所以懼怕必臨到你們，且必無人幫助你們。

100:9 你們罪人哪，你們有禍了！因你們口中的言語，和你們手所行的事，就是你們不敬虔的作爲。你們必被比火更烈的烈火[火湖]焚燒。

100:10 現在你們當知道，祂要在天上，從天使們中，查問你們所行的事，又從太陽、月亮和衆星，論到你們的罪，因爲你們在地上審判義人。

100:11 祂要傳召所有雲、霧、雨、露來見證你們的不是。因爲它們都必因你們的緣故被攔住，不降在你們身上，它們也必記念你們的罪惡。

100:12 如今要送禮物給雨，免得它被攔住而不降在你們身上；或送給露水，當它從你們那裡得了金銀，它就可以降下來。[應譯：你們沒有因悔改將禮物獻給祂，卻獻給那被攔住的雨和露水，和你們的金銀[偶像]，要叫雨水降下來。][191]

100:13 在那些日子，當霜凍，雪寒，所有暴風雪，和它們所有的災殃，降在你們身上，你們在它們面前必站立不住。

---

[191] 參考上下文，應根據 Ken Johnson *Ancient Book of Enoch* 第157 頁 100:12 之翻譯，較爲合理。

第一百零一章 勸勉人敬畏神；大自然都敬畏祂，罪人卻不敬畏

101:1 你們天堂之子，當觀察天堂，和至高者的一切作為，你們當敬畏祂，不要在祂面前行惡。

101:2 若祂關了天窗，止住雨露，因你們的緣故不叫它們降在地上，你們當怎麼辦呢？

101:3 若祂因你們的行為向你們發怒，你們就不能向祂懇求；因為你們向祂的公義說驕傲又蠻橫無禮的話：因此，你們必得不到平安。

101:4 你們難道不知道船的水手們嗎？他們的船是如何因浪搖擺，又被大風搖動，而陷入危難中呢？

101:5 所以，他們就懼怕，因為他們一切美好財物都與他們一同出海，他們心裡有不好的預感，說海要吞滅他們，他們必在其中滅亡。

101:6 整片海洋和其中一切的水，並其中的一切流動，不都是至高者的工作嗎？祂不是為海的作為定了界限，又用沙土把海全部圍住嗎？

101:7 祂一責備，海就懼怕乾涸，魚和海中所有的一切盡都死亡；然而你們這些地上的罪人卻不懼怕祂。

101:8 祂豈不是造了天地和其中所有的嗎？祂將聰明和智慧賜給行在地上和海裡的萬物。

101:9 船的水手們豈不懼怕海呢？然而，罪人卻不懼怕至高者。

第一百零二章 審判之日的恐怖；地上義人遭厄

102:1 在那些日子，當祂使大火臨到你們，你們要逃往何處，可以在何處找到拯救呢？當祂發出話語攻擊你們時，你們豈不驚懼害怕嗎？

102:2 一切的發光體都必在極大的恐懼中驚惶，全地都必驚恐、顫慄、驚慌。

102:3 所有天使都必執行自己的命令，想要隱藏自己，躲避那偉大榮耀者的面，而地的兒女們必要戰兢發抖；你們罪人必永受咒詛，不得平安。

102:4 你們公義的魂卻不要害怕，你們死在公義中的人要有盼望。

102:5 如果你的魂在悲傷中下到陰間，你的身體也未按著你的良善度日，你們也不要悲傷，卻要等候罪人受審的那日，以及那咒詛和懲罰之日。

102:6 然而當你們死時，罪人還議論你們說：「我們怎樣死，義人也照樣死，這樣他們的行為對他們有什麼益處呢？

102:7 看哪，像我們一樣，他們也死在悲傷和黑暗之中，他們有什麼多過我們呢？從此我們都是平等的了。

102:8 他們將得到什麼，他們將永遠看到什麼呢？看哪，他們也死了，從今以後，他們也必永不見光了。」

102:9 你們罪人哪，我要對你們說：「你們滿足於吃喝，搶劫犯罪，剝人的衣服使人赤身露體，取得財富，和看見美好

的日子。

102:10 你們看見義人的結局是怎樣結束的嗎？直到死，在他們身上找不到強暴。

102:11 然而他們卻滅亡，變成彷彿未曾存在過，並且他們的靈在患難中下到陰間。」

第一百零三章 義人與罪人的不同結局

103:1 因此，義人們哪，如今我指著那偉大尊榮大能者掌權中的榮耀，並指著祂的偉大，向你們起誓：

103:2 我知道一個奧祕，也讀過天上的書版[複數]，又看過聖書[複數]，又看見其中所寫所刻關於他們的事：

103:3 一切的美善、喜樂和榮耀都已為他們預備好，並為那些在義中死去的靈記錄下來，必有許多的美善賜給你們，以酬報你們的勞苦，使你們得的分比活人的分更豐盛。

103:4 你們在義中死了的靈，必活過來又喜樂，他們的靈和他們在那至大者面前的紀念，必不滅亡，直到萬代：所以不要再懼怕他們的凌辱。

103:5 你們罪人哪，你們有禍了！當你們死了，若你們死在許多罪中，並且與你們相似的人論到你們說：「罪人有福了，他們得見自己所有的年日。

103:6 他們在豐盛並在富有中死去，一生沒有見過患難或謀殺；

他們在尊榮中死去，生前沒有受過審判。」

103:7 你們要知道，他們的魂必下到陰間，在他們的大患難中極其悲慘。

103:8 你們的靈必進入黑暗、鎖鏈和燃燒的烈燄之中，在那裡你們的靈必受嚴刑審判；那大審判必臨到天下萬代。你們有禍了！因為你們必不得平安。

103:9 不要論到在世的義人和善人說：「在我們困苦的日子裡，我們辛勞地做苦工，經歷了一切患難，遭遇許多禍患，並被耗盡，變得稀少，我們的靈也微小。

103:10 我們被摧毀，卻無人幫助我們，甚至連一句話也沒有。我們被折磨，被摧毀，並不指望每天得見生命。

103:11 我們巴望居首，卻居尾。我們辛勞做工，卻在我們的辛苦中不得滿足；我們成了罪人和不義之人的食物，他們已將他們的軛重重地加在我們身上。

103:12 那些恨惡我們、擊殺我們的，掌權轄制我們。我們向恨惡我們的人彎下頸項，他們卻不憐恤我們。

103:13 我們想要躲避他們，好逃脫得安息，卻找不到可逃之處好安全地躲避他們。

103:14 在患難中我們向統治者們發怨言，呼求抵擋那些吞吃我們的，他們卻不處理我們的呼求，也不側耳傾聽我們的聲音。

103:15 他們倒幫助那些搶奪我們、吞吃我們、使我們稀少的人；

隱瞞他們所行的欺壓，不把那些吞滅我們、趕散我們、殺害我們之人的軛從我們身上除去。他們隱瞞他們所行的殺戮，並不記念他們曾舉手攻擊我們。」

第一百零四章 給義人的保證；警告罪人和扭曲正直話語者

104:1 我向你們起誓，在天上，天使們在至大者的榮耀前，永遠記念你們。你們的名字，也寫在那至大者的榮耀前。

104:2 要有盼望；因爲從前你們因禍患和困苦蒙羞。但如今你們要發光，像天上的衆光一樣。你們要發光，並且你們必被看見。天上的門必向你們敞開。

104:3 你們在呼喊中哭求審判，審判就必向你們顯現；因爲你一切的苦難，必報應在統治者們身上，並所有幫助那些掠奪你們之人的身上。

104:4 要有盼望，不要丟棄你們的盼望，因爲你們必得極大的喜樂，好像天上的天使們一樣。

104:5 你們該做什麼呢？當那大審判的日子，你們必毋須躲藏，也必不會被視爲罪人，因爲永恆的審判必定遠離你們，直到永世萬代。

104:6 你們義人哪，當你們看見罪人在他們的道路上逐漸強盛亨通，不要懼怕；不要與他們作伴，要遠離他們的強暴；因爲你們必要成爲天上萬軍的同伴。

104:7 儘管你們罪人說：「我們的罪必不被查出並記下！」然而

他們必每日記下你們的罪。

104:8 我指示你們，光和暗，晝和夜，都看見你們一切的罪。

104:9 不可心懷不虔，不可說謊，不可更改<u>正直的話</u>[聖經]，不可說謊指控那聖潔大能者的言語，也不可記念你們的偶像。因為你們一切的謊言和不敬虔，都不是出於義，乃是出於大罪。

104:10 現在我知道這奧祕，就是<u>罪人要在許多方面更改和顛倒公義的話，說惡言，說謊言，行大詭詐，並為他們的話著書</u>。[192]

104:11 但當他們用自己的語言誠誠實實地寫下我的一切話，一點也不改變，一點也不刪減，而是誠誠實實地寫下我最初所見證關於他們的一切話。

104:12 那麼，我知道另一個奧秘：必有書[複數，即聖經的眾經卷]賜給義人和智慧人，成為他們喜樂、正直和許多智慧的緣由。

104:13 書[複數，即聖經的眾經卷]必賜給他們，他們也必相信它們，並要因它們喜樂。那時，一切義人，就是從其中學了一切正直道路的，都要得賞賜。

---

[192] 摘錄 Ken Johnson *Ancient Book of Enoch* 第 162 頁附註 Y：假教義和在翻譯聖經時，竄改經文原意。

第一百零五章 神和彌賽亞與人同住

105:1 在那些日子，耶和華吩咐召它們[即聖經的眾經卷]來，要就它們的智慧向地的兒女們作見證：要將它[聖經]指示他們，主說：「因為你們[聖經的眾經卷]是他們的領路人，是全地的賞報。[193]

105:2 因為我[耶和華神]和我的兒子[主耶穌基督]，必在他們的生命中，在正直的道路上，與他們聯合[194]，直到永遠；你們必得平安；正直的兒女哪，你們要喜樂。」阿們。

《諾亞書》片段

第一百零六章

106:1 過了些日子，我兒子瑪土撒拉為他兒子拉麥娶了妻，她就因他懷孕，生了一個兒子。

106:2 他的身體白如雪，紅如盛開的玫瑰，他的頭髮和長長的捲髮白如羊毛，他的雙眼美麗。當他睜開眼睛時，他像太陽一樣照亮了整個房子，整個房子都非常明亮。

---

[193] 約翰福音 12:48 棄絕我[主耶穌]、不領受我話的人，有審判他的一就是我所講的道在末日要審判他。

[194] 約翰福音 17:23 我(耶穌基督)在他們裡面，祢 (聖父：耶和華神) 在我裡面，使他們完完全全地合而為一，叫世人知道祢差了我來，也知道祢愛他們如同愛我一樣。

106:3 於是，他立刻從收生婆手中起來，就開口，並和公義之主交談。

106:4 他父親拉麥怕他，就逃到他父親瑪土撒拉那裡。

106:5 對他說：「我得了一個異樣的兒子，他不像世人，倒像天上之神的兒子們，他的性情是不同的，他不像我們，他的眼睛就像太陽的光芒，他的臉面是榮耀的。

106:6 我覺得他似乎不是從我出來的，而是從天使們那裡出來的，我怕在他的日子裡地上會有奇事。

106:7 現在，我父啊，我在此懇求你，求你到我們的父以諾那裡去，從他得悉真相，因為他的居所在眾天使們中間。」

106:8 瑪土撒拉聽了他兒子的話，便去到地的極處[複數] ，到我這裡來；因為他聽說我在那裡。他大聲哭喊，我聽到他的聲音就去到他那裡，對他說：「看哪，我兒，我在這裡，你為何來找我呢？」

106:9 他回答說：「我到你這裡來，是為著極大的焦慮，又是因我所見的異象令人不安。

106:10 我父阿，現在請聽我說，我兒子拉麥生了一個兒子，與眾不同，他的性情不像人的性情，身體的顏色比雪更白，比盛開的玫瑰更紅，他的頭髮比白羊毛更白，他的眼睛像太陽的光芒，他睜開眼睛，就照亮了整個房子。

106:11 他從收生婆的手中起來，便開口稱頌天上的主。

106:12 他父親拉麥就害怕，逃到我這裡來，不信這孩子是由他而出，只信這孩子有天上天使們的樣式。看哪，我到你這裡來，為要使你可以把真相指示我。」

106:13 我，以諾，就回答他說：「耶和華要在地上行一件新事，我已在一個異象中看見此事，並要告訴你。因為在我父雅列的世代，一些天上的天使們違背了耶和華的話。

106:14 看哪，他們犯罪，干犯律法，使自己與世上的女子交合，與她們一起犯罪，並且娶了她們中的一些人為妻，從她們生下後代。

106:17 他們必在地上生出巨人，不是照著靈，乃是照著肉體，在地上必有一大刑罰，地上的一切污穢都要被潔淨。[195]

106:15 的確，全地必有一場大毀滅，必有大洪水和一年的大毀滅。[196]

106:16 然而，這個從你而出的孩子卻必存留在地上，他的三個兒子也要和他一同存活。當世人都必死亡的時候，[他

---

[195] R. H. Charles 將 106:17 改放此處。

[196] 摘錄 Ken Johnson *Ancient Book of Enoch* 第 166 頁附註 A：創世記 7:11 當挪亞六百歲，二月十七日那一天，大淵的泉源都裂開了，天上的窗戶也敞開了，8:13 到挪亞六百零一歲，正月初一日，地上的水都乾了。挪亞撤去方舟的蓋觀看，便見地面上乾了。14 到了二月二十七日，地就都乾了。

和他的兒子們卻必得救]。

106:18 現在你要使你兒子拉麥知道所生的眞是他的兒子，並給他起名叫挪亞[意思：安息]。因爲他要被留給你們，他和他的兒子們必得救，脫離那臨到地上的毀滅，這毀滅是因在他的日子裡在地上所滿盈的一切罪惡和不義。

106:19 在那之後，必仍有更不義之事，比起初在地上所滿盈的更甚。因爲我知道聖者們的眾奧秘。因爲祂，耶和華，已經指示並告知我，我也在天上的書版[複數]中讀過[它們]。

第一百零七章

107:1 我看見它們裡面記著，世世代代必違法亂紀，直到一公義的世代興起，過犯必被毀滅，罪必從地上消失，而一切的美善將臨到地上。

107:2 現在，我兒，去告訴你兒子拉麥，這出生的實在是他的兒子，其中並無虛謊。」

107:3 當瑪土撒拉從他父親以諾那裡聽了這話--因爲以諾已暗中指示他一切事—他就回到他[拉麥]那裡，並將[它們]指示他，又爲那兒子取名叫挪亞，因爲在那一切的毀滅之後，他要安慰全地。

第一百零八章

108:1 這是以諾爲他兒子瑪土撒拉，和他之後在末世守律法的人寫的另一本書。

108:2 你們行善的人，要等候那些日子，直到行惡的斷絕，奸惡之人的勢力也斷絕。

108:3 要切切等候，直到罪都消失，因爲他們的名必從那生命冊和聖書[複數]上被抹去。他們的後裔必永遠滅絕，他們的靈必被剪除。他們必在一混亂的曠野哭泣哀號，他們必在火中焚燒。因爲那裡沒有地。

108:4 我看到那裡有一像看不見的雲彩般的東西；因其深度，我無法俯視，我看到一火焰熊熊燃燒，還有一些東西，像閃閃發光的山脈，盤旋著，來回擺動著。

108:5 我便問與我同在的一位聖天使，對他說：「這閃亮的東西是什麼？因爲它並不是天，乃是燃燒的火焰，並有哭號、號咷、哀號和劇痛的聲音。」

108:6 他對我說：「你所看見的這地方，就是罪人和褻瀆神的人，作惡的人，並顛倒主藉眾先知之口所說一切將來必成之事的人的靈，被丟下之處。

108:7 因爲其中有些寫在天上，刻在天上，叫天使們讀了，就知道將要臨到罪人的事，以及要臨到謙卑人的靈，並那些因身體受苦而從神得到補償的，和那些被惡人羞辱的人身上的事。

108:8 他們愛神，不愛金，不愛銀，也不愛世上一切美物，卻把自己的身體捨了，受折磨。

108:9 他們自從有生命以來，就不貪戀屬地食物，而是把一切都視爲轉瞬即逝的氣息，並照此度日，主多次試驗他們，他們的靈被發現是純潔的，所以他們應該稱頌祂的名。」

108:10 他們一切命定的福，我已在書[複數]中詳述，祂已爲他們定了獎賞，因爲看見他們如此愛慕天上，勝過愛他們在世上的生命。縱然他們被踐踏在惡人腳下，經歷虐待和辱罵，蒙受羞辱，然而他們卻仍然稱頌我[神]。

108:11 現在我(神)要召那屬光明世代的善人之靈，也要更新變化那些生在黑暗中的人，他們的肉身還沒有按著他們的忠信被回報予此應得的尊榮。

108:12 我要在閃耀的光中領出那些愛我聖名的人，我要叫他們各人坐在他尊榮的寶座上。197 198

108:13 他們必在無數的日子裡燦爛輝煌，因爲神的審判是公義的。因爲祂必在正直道路的居所中，將信實賜給忠信

---

197 摘錄 Ken Johnson *Ancient Book of Enoch* 第 169 頁附註 B：馬太福音 19:28 耶穌說：「我實在告訴你們，你們這跟從我的人，到復興的時候，人子坐在祂榮耀的寶座上，你們也要坐在十二個寶座上，審判以色列十二個支派。」

198 啓示錄 3:21 得勝的，我要賜他在我寶座上與我同坐，就如我得了勝，在我父的寶座上與祂同坐一般。

的人。

108:14 他們必看見那生在黑暗中的，被帶入黑暗，然而，義人
卻是燦爛輝煌。

108:15 罪人必大聲呼喊，看見他們燦爛輝煌，他們必去到那爲
他們所定的日子和季節之處。

[全文完]

附錄：參考書目

- Robert Henry (R. H.) Charles, D.Litt. & D.D. *The Book of Enoch*, London: Society for Promoting Christian Knowledge, 1917.
- Robert Henry (R. H.) Charles, D.Litt. & D.D. *The Book of Jubilees*, from *The Apocrypha and Pseudepigrapha of the Old Testament*, Oxford: Clarendon Press, 1913, scanned and edited by Joshua Williams, Northwest Nazarene.
- Ken Johnson, Th. D. *Ancient Book of Enoch*, CreateSpace, 2012.
- Rev. George Henry Schodde, Ph. D. *The Book of Enoch*, 1881. (Entered according to Act of Congress, in the year 1882, by Warren F. Draper, in the office of the Librarian of Congress at Washington.)

國家圖書館出版品預行編目（CIP）資料

以諾書, 又名, 以諾一書 / 羅伯特. 亨利. 查爾斯
(Robert Henry Charles) 原著；恢復古道翻譯.
-- 新北市：那好牧人出版社,2024.03
面；公分
譯自：The Book of Enoch
ISBN 978-626-98330-0-9（平裝）
1.CST：舊約　2.CST：聖經研究
241.1　　　　　　　　　113001190

書名：以諾書（又名：以諾一書）

原著：羅伯特·亨利·查爾斯 Robert Henry (R. H.) Charles

原著書名： *The Book of Enoch*, London: Society for Promoting Christian Knowledge, 1917.

譯者：恢復古道

出版者：那好牧人出版社

出版日期：2024 年 3 月

出版社書號：TGS001

購書請洽：平溪小希臘　+886 2 2775 1297